教育部人文社会科学重点研究基地重大项目
《西方古代学术名著译注》（19JJD770002）
重要成果

2020 年度国家出版基金资助项目

国家出版基金项目
NATIONAL PUBLICATION FOUNDATION

西方古典
译丛

总主编 杨共乐

EPITOME
OF
ROMAN
HISTORY

罗马历史概要

[古罗马] 鲁基乌斯·安奈乌斯·弗洛鲁斯 著

李艳辉 译

北京师范大学出版集团
BEIJING NORMAL UNIVERSITY PUBLISHING GROUP
北京师范大学出版社

题　记

　　西方古典文明是人类文明的重要组成部分，为西方文明的源头，对后世影响巨大。古代希腊与罗马的神话、史诗、历史、文学、演说、法律等无不成为近代以来西方文化的经典与范本，对西方文化起着重要的规范作用。就学习和研究西方文明的学者而言，古代希腊与罗马显然是不可忽视的对象。"言必称古希腊与罗马"与"言必称夏、商、周三代"同样重要。

　　百余年来，尤其是中华人民共和国成立以来，为了使我国的公众更多地了解西方文化，我们的前辈学者或译介文献，解读思想，或出版论著，阐释心得，已经做了许多基础性的建设工作。其工作之细、著译之丰着实令人叹服。

　　从20世纪50年代起，北京师范大学历史系就开始组织力量，着力译介和研究古代希腊与罗马的相关学说，并逐渐产生影响，成为我国西方古典学研究的重镇。刘家和先生、李雅书先生、马香雪先生都是在西方古典学译介和研究领域成就卓著的学者。1984年，我有幸考入北京师范大学历史系，成为李雅书先生的学生。廖学盛先生、马香雪先生都是我们的语言老师。先生们对外语要求极严。在他们的严厉督促和鼓励下，我们背单词，读拉丁，抠古希腊语法，搞翻译训练，整天忙碌，不亦乐乎。后来，我也把这种方法运用到学生的培养上，慢慢探索，不断提高，取得了较好的成绩。现在呈现在读者面前的

"西方古典译丛"都是我们在数年翻译训练的基础上，细致打磨、反复推敲的作品，希望对我国的古典学研究有所帮助。

在翻译过程中，为了搞清英文表达的逻辑结构，并努力把握古典文献相关概念的正确内涵以及各国典章制度的史源流变，我们向专家请教，向前贤求道，除了使用主要的英译本外，还参阅了其他能够找到的相关译本或注释本。我们深知，翻译是一项极其艰苦但又十分神圣的事业，是译者与古典作者思想心灵间的交流，是译者与文字、文献乃至西方古代文化之间的对话，因此对译编者的要求极高。对于"西方古典译丛"，我们尽管进行了多次审校，但不够准确和完美的地方肯定不少，敬请读者批评指正。

杨共乐

北京师范大学史学理论与史学史研究中心

2022 年 12 月 26 日

中译者序

弗洛鲁斯(Florus，约公元 74 年—130 年)，罗马帝国时期历史学家。在不同的手稿中，他的名字写法不一，除 Lucius Annaeus Florus 外还有 Lucius Julius Florus、Lucius Annaeus Seneca，甚至 Lucius Annaeus。他可能生于阿非利加，青少年时期来到罗马，后广泛游历。他曾定居塔拉科，后又迁居罗马。

《罗马历史概要》是对罗马历史的简略汇编，叙事时段为从罗马建城到奥古斯都时期，叙事重点为战争史。全书共分二卷，分别涉及对外战争和内部战争。此书有时被视为李维史著的概要，但其叙事框架大于后者，且某些观点与李维相左。此书还采用了萨鲁斯提乌斯、恺撒等人的材料，又受到维吉尔、卢卡努斯等诗人的影响，尤其是在历史分期方面受到老塞涅卡的影响，将罗马历史划分为童年期、青年期、成年期、老年期四个阶段。作者毫不掩饰对罗马人民的赞颂，因而叙事存在明显的立场倾向。《罗马历史概要》对于补充李维史著的佚失部分有重要价值。或许由于修辞特征，此书在后世深受欢迎，流传广泛，几乎在所有欧洲语言中皆有译本。

本书的翻译以洛布古典丛书弗斯特英译本(Lucius Annaeus Florus, *Epitome of Roman History*, E. S. Forster trans. , London: William Heinemann LTD, New York: G. P. Putnam's Sons, 1929)为底本，参阅了沃特森英译本(*Sallust, Florus, and Velleius Pater-*

culus，J. S. Watson trans. ，London：Bell & Daldy，1872）。

　　本书的翻译始于 2005 年，整个翻译工作贯穿了译者近 20 年的求学、为学生涯。在此期间译稿几经修订，倾注了译者的心血。然而限于译者水平，错误、不足之处在所难免，望广大读者批评指正。在漫长的翻译过程中，我的导师杨共乐、刘爱兰两位先生，以及身边所有的师友给予了我无私的帮助和大力的支持。杨共乐先生的持续指导和不断鼓励更是支撑我在学术道路上不断前行的重要力量。我的父母，以及我的爱人韩雨晴女士一直默默支持我的工作，为我提供了温暖的家庭氛围，使我能够全身心地投入到文献翻译和学术研究之中。在本书即将付梓之际，我要向所有帮助、支持和鼓励过我的师长、亲友致以最诚挚的谢意！

李艳辉

2024 年 1 月 7 日于泉城

英译者序

作　者

　　此《概要》作者的情况鲜为人知，甚至其真实的名字也并不确定。鲁基乌斯·安奈乌斯·弗洛鲁斯(L. Annaeus Florus)之名见于《帕拉丁抄本》(*Codex Palatinus*) 894 该作品的标题，尤利乌斯·弗洛鲁斯(Julius Florus)之名见于《班堡抄本》(*Codex Bambergensis*)该作品的标题。大多数现代编校者认同前者而否定后者，因为后一名缺乏本名，显得可疑，另外其中的尤利乌斯可能源自误写①。然而，下述情况也并非全无可能：诸手稿(MSS.)中的所有标题皆不正确，此《概要》作者系普布利乌斯·安尼乌斯·弗洛鲁斯(P. Annius Florus)。此人为诗人，与元首哈德良(Hadrian)[斯巴尔提亚努斯(Spartianus)，《哈德良传》，16]及对话集《维吉尔是一位演说家还是诗人?》的作者为朋友。《维吉尔是一位演说家还是诗人?》序言的一部分保存在藏于布鲁塞尔的一份手稿中，并且被收录于哈姆与罗斯巴赫的版本之中。他可能与塞涅卡(Seneca)、卢卡努斯(Lucan)及庞波尼乌斯·美拉(Pomponius Mela)有过交往。藏于布鲁塞尔的残篇为我们提供了有关本书作者的一些传记细节。据说，他生于阿非利加，青少年时期，当

---

　　①　见条博纳(Teubner)文本第43页，罗斯巴赫意见。

时正值元首图密善(Domitian)在位，他来罗马参加卡庇托文学大赛，但由于评委偏袒他人而落败。他对自己的失败极为懊恼，便出国游历了一段时间，最终定居于西班牙的塔拉科(Tarraco)，以写作为业。他后来一定在元首哈德良在位时迁居罗马。

《概要》本身不包含有关作者生平的内部证据，只是透露了他的写作时间。作者说道(卷一，序言，8)，从恺撒·奥古斯都(Caesar Augustus)以来，至少经过了 200 个春秋(*a Caesare Augusto in saeculum nostrum haud multo minus anni ducenti*)。*a Caesare Augusto* 之说很难作出确定的解释。最自然的理解是将它定位于公元前 27 年，即元首制(Principate)建立之年，奥古斯都的盛年时期，那样的话此《概要》的写作当在元首马尔库斯·奥理略(Marcus Aurelius)在位时期。另一方面，如果我们将奥古斯都出生的公元前 63 年作为这 200 年的开端，那么写作的时间将在元首哈德良在位后期。这一时间与将本书作者视为哈德良那位文学之友的说法协调一致。

著　作

此《概要》是罗马历史的简编，专注于自罗马建城到奥古斯都时期罗马人民所从事的战争。在诸手稿中，它被描述成李维(Livy)史著的概要，而且无疑也对这位作者多有依赖，有时对其史著内容逐字引述。然而，李维史著绝非此书的唯一材料来源，而且弗洛鲁斯经常表明自己与李维的意见分歧。显然，这位《概要》作者也利用了萨鲁斯提乌斯(Sallust)与恺撒的著作，他的书中也出现了维吉尔(Vergil)和卢卡努斯的回忆录。我们有理由相信，老塞涅卡的《历史》也是此书的材料来源之一。弗洛鲁斯有可能模仿这位作者的做法，将罗马历史划分为四个阶段：童年期、青年期、成年期和老年期。根据拉克坦提乌斯(Lactantius)的说法(《神圣阶梯》，7.15.4)，老塞涅卡就采用了这种分期方式。

此书被刻意写成一部罗马人民的颂词，尽可能地对历史事件作出有利于罗马人的阐述。令人惊讶的是，作者没有任何政治倾向性，只是在内战的问题上站在尤利乌斯·恺撒而不是庞培一边。

《班堡手稿》中采用了一种两卷本的分段方式，这种做法被大多数编校者遵从。第一卷叙述帝国的成长与创建，第二卷叙述它的衰落，两卷的分水岭是格拉古时代。

此书对于罗马历史梗概的叙述并非不成功，但细节叙述有时并不准确，又充斥着年代与地理学方面的矛盾与讹误。作者拥有一定的文学天赋，却往往受损于强烈的修辞倾向。这种倾向有时显得措辞精妙，但更多时候表现出的是空洞与虚夸。作者对行文简洁的偏爱经常导致语意晦涩，而对感叹号的滥用以及词汇的贫乏也是此书令人不快的典型特征。

或许由于讲究修辞的特征，此《概要》曾风靡世上，且被广泛用作学校教科书，直到 17 世纪。仅埃尔塞维尔版（Elzevir Press）在 1638— 1674 年就出版了 6 次。

文 本

目前，一般认为弗洛鲁斯的最佳手稿为《班堡抄本》E III 22（B）。此手稿可追溯到 9 世纪初。其重要性最早于 1821 年被西伯德（See-bode）指出，但奥托·雅恩作为编校者，最早在 1852 年条博纳本中对其充分利用。它也被收入哈姆与罗斯巴赫的版本之中。它被写于羊皮卷，并包含了达勒斯·弗吕基乌斯（Dares Phrygius）的《历史》以及费斯图斯（Festus）的《纲要》内容。

《班堡抄本》突然止笔于卷二，33 末尾倒数第 10 词 profundo，前一段始于卷二，32 第 26 词 recreatus。该抄本以较黑的墨水书写，时间也较晚（B[1]），也增添了几段被遗漏的内容（1. 序言. 1 中 Populus 至 3 中 videantur；2.1.1 中 seditionum 至 2 中 gentium；2.29 中 sarmatae 至 pacem；2.30.34 中 tres legiones 至 36 中 patronos；2.31 中 Haec 至 victoria fuit），并插入了标题与各章目录，又对全文进行

了稍微的校正。似乎可以确定的是，B¹ 与此前的 B 同源，又补充了 B 中与抄本相比缺失的段落，对 B 中的误写进行了纠正；因此，B¹ 的读法被认为经得起各方面的推敲。另一抄本(B²)在 11 或 12 世纪做了

xiii 一小部分不太重要的纠错。

《班堡抄本》自成一系；现存的其他手稿属于一类。其中最古老者为《帕拉丁·拉丁抄本》(*Codex Palatinus Latinus*)894(N)，其先前藏于洛尔施(Lorsch)的圣那扎利乌斯修道院(Monastery of Nazarius)图书馆。它写于羊皮卷，可追溯到 9 世纪末。该抄本上有纠错，这无疑来自同样的原始抄本，由原始抄本写手完成，后来于 12 世纪由某写手继续完善。后者有时纠正了一些错误，但更多的是增加了错误的读法。它由雅恩(以较为概括、简略的方式)、沃尔夫雷(Wölflein)和罗斯巴赫进行了校订。

最重要的手稿中，第三份为《莱顿·沃西与斯抄本》(*Codex Leidensis Vossianus*)14(*L*)。它写于羊皮卷，于 11 世纪由一位优秀的写手写成。它与 N 联系密切，但与 N 差异过多，因而不可能直接源自 N。

此类手稿中其他还有：——

《帕拉丁·海德堡抄本》(*Codex Palatinus Heidelbergensis*)1568(*Palat.*)，公元 11 世纪；

《哈利抄本》(*Codex Harleianus*)2620(*Harl.*)，现存大英博物馆，13 世纪；

《慕尼黑抄本》(*Codex Monacensis*)6392(*Monac.*)，公元 11 世纪；

《巴黎抄本》(*Codex Parisinus*)5802(*Paris. 5802*)——据认为其曾被彼特拉克使用过，《巴黎抄本》7701(*Paris. 7701*)，二者皆属公元 12 世纪；

《莱顿·沃西乌斯抄本》(*Codex Leidensis Vossianus*)77(*Voss.*)；

xiv 《华沙·莱狄格尔抄本》(*Codex Vratislaviensis Rehdigeranus*)R78(*Rehd.*)，公元 15 世纪，但包含一些极佳的纠错意见。

弗洛鲁斯文本的另一权威材料来源为历史学家约尔达涅斯(Jordanes)的著作(I)。他为哥特人,在 6 世纪中叶著有一部标题为 *De summa temporum vel origine actibusque gentis Romanorum* 的书,并在书中大量使用了弗洛鲁斯的材料;在涉及马其顿战争之前的史事(弗洛鲁斯,1.1-28)、帕提亚战争(弗洛鲁斯,1.46)、对安敦尼与克莉奥帕特拉的战争(弗洛鲁斯,2.21),以及奥古斯都所进行的战争(弗洛鲁斯,2.22-27)等内容时,他抄录弗洛鲁斯的文本,只是略有删节或更改。即使约尔达涅斯所使用的弗洛鲁斯的手稿远早于 B,却与之有密切联系,也有着大量共同的讹误,只是偶尔呈现较好的读法。约尔达涅斯从某种意义上说是一位不可靠的向导:他本人自称 *agrammaticus*,有时却误解了自己的原材料。然而,他经常认可 B 的读法,这时他的证据则极具价值。他的著作被保存于数份手稿,其中《海德堡抄本》(*Codex Heidelbergensis*)与《波灵抄本》(*Codex Pollingensis*)最为重要。

目前的文本以 B 为蓝本。文中插入的任何重要的相异读法,*apparatus criticus*(页边注)都为其提供源自某手稿或编校者的权威依据。为了不使页边注内容过多,但凡 B 的读法被采用的地方,其他手稿的相异读法通常都不被提及,较次要的正字也没有被作注。读者若想获得完整的页边注,可参阅罗斯巴赫本。

xv

文献目录

弗洛鲁斯文本重要的版本如下:——

初版,无出版时间与地点(巴黎,1470 年前后)

阿尔杜斯(Aldus)版:威尼斯,1521 年。(英译者爱德华·西摩·弗斯特将此处 Aldus 作 Addus。——中译者)

维涅图斯(E. Vinetus)版:普瓦提埃,1554 年。

萨尔马西乌斯(C. Salmasius)版:海德堡,1609 年。

弗赖恩海姆(J. Freinsheim)版:斯特拉斯堡,1632 年。

格莱维乌斯(J. G. Graevius)版：乌得勒支，1680 年。

杜克尔(C. A. Duker)版：莱顿，1722 年。

希伯德版(G. Seebode)：莱比锡，1821 年。

雅恩(O. Jahn)版：莱比锡，1852 年。

哈尔姆(C. Halm)版：莱比锡，1854 年。

罗斯巴赫(O. Rossbach)版：莱比锡，1896 年。

弗洛鲁斯目前的英译本有约翰·戴维斯本(1670 年版；1672 年出版了卡佐邦的校订版)和"波恩古典丛书"的约翰·塞尔比·沃特森本。

我谨向我的同事，谢菲尔德大学拉丁语首席教授沃尔特·考文垂·萨默斯教授表达最诚挚的谢意。他诚恳地通读了手稿的译文。他的意见使我对本书的几乎每一页都有所改进。

爱德华·西摩·弗斯特

目　录

卷 I

I. 七王时代，自罗慕路斯始

罗马人在从罗慕路斯王到恺撒·奥古斯都(Caesar Augustus)的700年时间里，在战争与和平中取得了如此多的成就，因此如果一个人要将他们的帝国与其年岁相比，会发现帝国的规模远远超出其年岁应有的程度。他们将手臂伸向了如此广阔的世界，所以阅读他们拓展历程的人实则也是在学习整个人类的历史，而非某一个民族的历史。他们经历过如此多的劳苦和艰险，显得勇敢之神和命运女神似乎在相互竞争着建立罗马帝国。既然罗马历史尤其值得研究，而且主题的宏大阻碍了有关其知识的获取，话题的差异分散了人们的注意力，那么我决定遵循那些地理描述者的先例，用一幅小小的图画展示我对主题的完整表述。① 这个卓越的民族突然之间将自身的伟大展现得一览无余，因而赢得世人的仰慕。我希望[通过写作]②表达自己的仰慕之情。

如果任何人将罗马比作一个个体的人，并要纵览其一生，了解其如何诞生、如何长大、如何走向成熟、充满力量，以及如何最终到达老年期的话，他会发现罗马的发展经过了四个阶段。第一个阶段在诸

① 像地理学家在地图上展示世界那样。
② 译文内"[　]"中的内容若无特殊说明，皆为中译者依据上下文作出的补充。——中译者

王统治下持续了近 400 年，其间罗马人在首都附近对抗自己的邻人。该阶段可称作童年期。第二个阶段从布鲁图（Brutus）和科拉提努斯（Collatinus）执政官年（Consulship）到阿庇乌斯·克劳狄（Appius Claudius）和昆图斯·弗尔维乌斯（Quintus Fulvius）执政官年，持续了 150 年①，其间罗马人征服了意大利（Italy）。该时期士兵和武器的使用都非常活跃，故可称为青年期。下一个阶段是直到奥古斯都·恺撒时期的 150 年时间，其间罗马人将和平推广到全世界。这是成年期，也是帝国最强壮的成熟期。从恺撒·奥古斯都时期到我们的时代不少于 200 年②，其间由于元首们碌碌无为，罗马民族变得老迈而丧失锐气。只有图拉真（Trajan）统治时期是个例外，其间罗马人又一次仗剑挥戈，并且出人意料地恢复了自己的年轻活力。

1. 罗马城和罗马帝国的初建者是马尔斯（Mars）和勒娅·西尔维娅（Rhea Silvia）之子。这位女祭司③在怀孕的时候就承认马尔斯是孩子的父亲，不久之后，民间已经不再怀疑其说法，因为阿穆利乌斯（Amulius）王下令将罗慕路斯连同他的兄弟勒穆斯（Remus）一同丢到河中，但他的生命不可能被摧毁。因为不仅第伯河（Tiber）停止流动，而且一条母狼离开幼崽，寻着两个婴儿的哭声前来，扮演母亲的角色，给他们喂奶。王家牧群的牧人法乌斯图鲁斯（Faustulus）在一棵树下发现了这一情景，便将双婴抱回农舍，将他们抚养长大。那时阿尔巴（Alba）为拉丁姆（Latium）的首府城市。尤鲁斯（Iulus）建立了该城，因为他不愿居住在父亲埃涅阿斯（Aeneas）的城市拉维尼乌姆（Lavinium）。埃涅阿斯和尤鲁斯之后的第七代后裔阿穆利乌斯推翻了兄长努米托尔（Numitor）的统治，自立为王。努米托尔的女儿是罗慕路斯的母亲。于是血气方刚的罗慕路斯，将自己的外叔公从卫城中驱

① 这一数字明显是错误的，因为布鲁图和科拉提努斯是公元前 509 年的执政官，阿庇乌斯·克劳狄和昆图斯·弗尔维乌斯是公元前 212 年的执政官。

② 见序言第 x 页。

③ 维斯塔贞女（Vestal Virgins）。——中译者

逐，将外祖父重新拥上王位。他热爱曾经养育自己的河流和群山，产生了建立一座新城市的念头。由于他和勒穆斯是双胞胎兄弟，他们决定通过鸟卜的方式决定由谁选址建城和实行统治。勒穆斯选择了阿文丁山丘（Aventine hill），罗慕路斯选择了帕拉丁山丘（Palatine hill），他们各自站定观察。勒穆斯最先发现了 6 只秃鹫，而罗慕路斯发现较晚，却发现了 12 只。这样罗慕路斯在鸟卜中获得了胜利，便开始建立城市。他满怀希望认为该城会被证明有善战的禀赋，因为这种嗜血和善捕猎的鸟似乎预示了这一点。人们认为一道壁垒足以护卫新城。勒穆斯却嘲笑壁垒过矮，便从上面翻越了过去，他因此被处死——我们并不清楚处死的命令是否由其兄弟下达。无论如何，他作为第一个祭品，用自己的鲜血使新城圣化。

罗慕路斯主要是产生了建立城市的想法，而非建立了一座现实的城市，因为城中缺乏居民。邻近地区有一片树林，被他作为庇护所。后来立刻有大量的人涌来，其中有拉丁（Latin）和图斯卡尼（Juscan）牧人，甚至是跨海前来的人，还有在埃涅阿斯率领下来到该国的弗吕基亚人（Phrygians）以及与埃凡德尔（Evander）一起到来的阿尔卡狄亚人（Arcadians）。他就这样将不同成分的人们聚集成一个整体，他自己作为王创造了罗马民族。然而，一个只由男人组成的群体只能延续一代，于是他们向邻人寻求通婚，当被拒绝时，他们便通过武力抢亲。他们假装举行赛会，将前来观看的少女尽数掠走。此举立刻导致战争。维伊人（Veientines）被击败并溃逃，凯尼那（Caenina）城被占领并遭劫掠。另外，罗慕路斯亲手将从他们的王阿格隆（Agron）那里缴获的"至尊战利品"（spoils of honour, *spolia opima*）奉献给拒敌之神朱庇特（Jupiter Feretrius）。① 少女塔尔佩娅（Tarpeia）背叛罗马人向萨宾人（Sabines）敞开大门。她狡猾地要求他们将左手所带的东西作为自己行动的报酬——她所指为他们的盾牌还是手镯不详。他们为了实现自

---

① 朱庇特，敌人的"打击者"。

己的允诺，也为了向她报仇，用盾牌将她拍死。敌人就这样进了城。广场上发生了一场如此激烈的战斗，以至于就在这片广场上，罗慕路斯乞求朱庇特让他的手下停止耻辱的溃逃。为了纪念这一事件，罗马人建立了一座神庙，并奉朱庇特以"溃逃终止者"(the Stayer of flight)尊号。最后，那些被抢夺的女子披头散发地出现在暴怒的战士们中间。这样，和平得以实现，罗马人与塔提乌斯(Tatius)①缔结了和约。后来一件令人惊奇的事情发生了：敌人离开了自己的家园，迁移到这座新城之中，并通过给予他们的女儿嫁妆而与自己的女婿分享祖先的财产。罗马人的力量迅速增长，于是罗慕路斯明智地给国家建立了下列机构：年轻人②被分配到各部落，以武器与战马预防任何突然的袭击；而老年人则负责国家政策方针的制定。他们因为自己所掌握的权力而被称为"长老"(fathers)，又因自己的年龄而[使自己的团体]被称为"元老院"(the senate)③。做了这些安排后，罗慕路斯在母羊湖召开公民大会时突然从人们的视线中消失。有人认为他因为过于残暴而被元老们碎尸，但当时出现的暴风雨和日食给人们造成的印象是他已经升天成神。这一信念被尤利乌斯·普罗库鲁斯(Julius Proculus)强化，因为他宣称罗慕路斯曾以一种比在世时更威严的形象出现在他的面前，并命令人们将他视为神，又宣称他在天上的名字是奎利努斯(Quirinus)，诸神意旨决定罗马将要成为世界的主人。

2. 罗慕路斯的继任者是努马·庞庇利乌斯(Numa Pompilius)，后者居住在萨宾领土上的库勒斯(Cures)时，因为自己虔敬的美名而被罗马人主动请来担任王。他教导罗马人举行圣仪、典礼以及任何与崇拜不朽的诸神有关的事宜；他设立大祭司(pontiffs)、鸟卜祭司(augurs)、萨利舞祭司(Salii)④和其他的宗教职务；他将一年划分为

---

① 萨宾人的王。
② 即 20～40 岁的男子。
③ *senatus* 源自 *sense*(老年人)。
④ 马尔斯的祭司。

12个月，并指定了法庭是否开庭的日子；他给予他们帝国的秘器圣盾和帕拉狄乌姆（Palladium）①，以及象征战争与和平的双面雅努斯（Janus）；此外，他将守护维斯塔圣火的任务交给了维斯塔贞女，以让象征着天上星辰的火焰庇佑帝国。他将所有这些安排归结于女神埃格莉娅（Egeria）的意旨，以求令他那些野蛮的民众比较自愿地接受它们。一言以蔽之，他使一个粗野的民族以虔敬和公正统治一个以暴力和不公获得的帝国。

3. 努马·庞庇利乌斯的继任者是图鲁斯·荷斯提利乌斯（Tullus Hostilius），前者是因为考虑到后者的勇武而自愿将王位让予他的。 17 图鲁斯创立了所有的军事纪律和战争艺术。他对罗马士兵进行了极佳的训练后，冒险挑战阿尔巴人（Albans）。后者是一个重要而且长时间处于领导地位的民族。但当势均力敌的双方因为频繁的战斗而两败俱伤时，为了缩短战争时间，两个民族的命运被托付给了双方各自的三孪兄弟荷拉提乌斯兄弟（Horatii）和库里亚提乌斯兄弟（Curiatii）。这场博杀胜负久久未决，过程扣人心弦，结局令人难忘。在这过程中一方有三人受伤，一方有两人被杀。这时幸存的荷拉提乌斯同时展现出自己的勇敢与智慧：他假装逃跑，以使敌人分开；敌人因身体状况不同而在追击过程中拉开距离，于是荷拉提乌斯分别攻击并顺次杀死他们。以这种方式（这种荣誉在其他情况下极少获得），罗马人以一人之手赢得了胜利，但这双手很快因谋杀而被玷污。荷拉提乌斯发现自己的妹妹正在哭泣，因为他所持的战利品中一件来自她的未婚夫，此人同时也是祖国的敌人。这位少女那不合时宜的情感被他用剑加以惩罚。该案件受到了公正的审判，但荷拉提乌斯因自己的英勇行为获救，免予因谋杀而被惩罚，他的罪行也被认为远远无法遮掩他所赢得的荣耀。

---

① 圣盾据说是从天而降，在马尔斯神庙中被萨利舞祭司掌管；帕拉狄乌姆，即帕拉斯（Pallas，即 Minerva）的一尊雕像被认为是特洛伊（Troy）被洗劫时幸存下来的。

阿尔巴人的忠诚并未维持太久。在［罗马人］对费德奈人（Fidenae）的战争中，他们根据和约派来的军队保持中立，坐观命运的安排。然而，这位聪明的王在看到他的同盟者即将加入敌人一方时，宣称他们
19 是在自己的命令下这样做的，从而提升了士气。这一举动在我军心中燃起了希望，在敌人心中引起了恐惧。这样，叛徒们的背信弃义行径没有得逞。击败敌人后，图鲁斯将条约的破坏者美图斯·弗费提乌斯（Mettus Fufetius）绑在两辆马车中间，用驰骋的马将他分尸。阿尔巴城既是罗马城的母邦，又是罗马的敌人。图鲁斯先是将其财产和居民迁移到罗马，后将其摧毁，从而使得这一与罗马有亲属关系的国家看起来并未被毁灭，而是重新联合到了它所从属的群体中。

4. 下一位王是安库斯·马尔基乌斯（Ancus Marcus），他是庞庇利乌斯的外孙，秉性也颇似那位外祖父。他建筑城墙保卫罗马城，又在流经罗马城的第伯河上建了一座桥。他还在该河入海口处的奥斯提亚（Ostia）建立了一座殖民地，因为即便那时他就明确预知此地要成为首都的滨海仓库，将会接收来自全世界的财富与物资。

5. 他之后继任为王的是塔克文·普利斯库斯（Tarquinius Priscus），后者虽然来自海外异国，却主动要求统治王国，并且因为自己的勤勉与文雅而获得了王国。他生在科林斯（Corinth），将希腊人的智慧和意大利人的技艺同时融入自身。他扩大元老的数量，从而提升了元老院的尊贵地位，又在三个百人队中增加了骑士（knights）的数量，因为一个谙熟鸟卜（augury）之术的人阿提乌斯·奈维乌斯（Attius Naevius）禁止将百人队（centuries）的数量增加[①]。为了测试一下此人，
21 王问他自己头脑中的想法是否可行。他通过鸟卜进行了测验，回答说可行。王回答道："好，但我的想法是这样的：我是否能够用一把剃

---

① 从李维，I.36，2（比读西塞罗，《论共和国》，2.36）中可以清楚地知道，塔克文想要增加三个新的百人队，但由于阿提乌斯的反对，他不得不只是满足于使每个百人队中的骑士数量加倍［比读特奥多尔·蒙森，《罗马公法》，第三卷（第三版），第107页］。因此，文中 centuriis 一定为与格，否则我们必须遵循萨乌佩（Sauppe）的意见，读〈in〉centuriis。

刀斩断这块磨刀石?"这位鸟卜祭司回答道:"你可以这样做",结果王真的斩断了它。这样,鸟卜成为罗马人中的神圣行为。塔克文在和平中与在战争中一样能干,他通过频繁的战争征服了埃特鲁里亚(Etruria)的 12 个民族。法西斯棒束(fasces)、特拉贝亚官袍(robes of State)、圈椅、指环、马饰、军大氅、紫边托加袍(purple-borderedtogas)、在凯旋式(triumph)上乘坐驷马牵引的贴金马车的做法、刺绣的袍服以及饰有棕榈叶图案的束腰外衣(tunics)——实际上所有有助于彰显职位尊贵的装饰品和徽章都源于他们。

6. 塞尔维乌斯·图利乌斯(Servius Tullius)接下来入主罗马城,而出身的低微(因为他的母亲是一个奴隶)没有阻碍他的崛起。因为塔克文的妻子塔娜奎尔(Tanaquil)通过一种自由人的教育训练了他卓越的能力,而且宣称在他头顶周围看到一圈游动的火焰,借以预言他未来的显赫。这样,当塔克文弥留在床时,塞尔维乌斯在王后的努力下以权宜之举为借口入主王宫。他通过计谋取得王位后,勤勉地履行王权,以至于看来好像是以合法的方式获得王位似的。罗马人通过他进入人口普查的登记单,并被划分为不同等级。通过国王的卓越治术,国家被组织得井井有条,所有在遗产、尊卑、年纪、职业和职位方面差别迥异的人都被登记造册,这样一个庞大的国家获得了精确的统治,就如一个小的家庭一样。

7. 所有王中最后一位是塔克文,他因自己的秉性而获得高傲者的称号。他祖父的王国现在正由塞尔维乌斯统治,但他宁可篡权也不愿等待继承,所以他派人谋杀了塞尔维乌斯,就这样通过犯罪取得了王位,但他对权力的履行要比曾经取得时更加不义。他的妻子图莉娅(Tullia)性格与之相似,她驾驶着马车来欢呼丈夫为王,强迫她那受惊的马踏过自己父亲那血肉模糊的尸体。塔克文本人用判处死刑的方法打击元老院,用鞭打的方法打击平民,用傲慢的态度对待所有人。这种傲慢的态度让优秀之人觉得比残酷的行径更加难以容忍。他在国内施尽他的残暴后,最终将注意力转向了敌人。这样拉丁姆的数座强大的城市如阿尔德亚（Ardea）、奥克里科鲁姆（Ocricolum）、加比伊（Gabii）、苏伊萨·波美提亚（Suessa Pometia）皆被攻占。同时，他对自己的家庭也是极其残忍：他曾毫不犹豫地鞭打自己的儿子，以便让其假装是一个叛逃者，前去激发敌人的信心。他的儿子如他所愿地被加比伊接纳，并通过信使询问应该采取什么行动，这时他确实进行了答复，只不过采用了一种特殊的方式——他用权杖打落了一些长得比较高的罂粟头，从而表明首要人物应该被处死。他的做法给人造成这样的感觉：他的高傲内心不允许他说话。他从这些攻占的城市获取战利品，又以之建立了一座神庙。在这座神庙的落成仪式上，据说发生了这样的神迹：其他所有的神都同意它的建立①，而尤文塔斯（Juventas）和特尔米努斯（Terminus）拒绝让位。两位神的固执令预言者大悦，因为这寓意这座神庙将是强固而永恒的。一件更加惊人的事情是，罗马人在建筑神庙时在地基里发现了一颗人头，但没有人怀疑这是一个很好的预兆，因为这预示着这里将要成为一个帝国的中心和世界的首都。罗马人民容忍了这位王的高傲，只要高傲不伴随着非法的情欲；但他们不能忍受他儿子们的这种暴行。一位最高等级的女子鲁克蕾提娅（Lucretia）被王的一个儿子施暴后，她自刺身亡以清洗污名。后来这位王的统治被永久地废除了。

II. 七王统治概述

8. 七王统治下的阶段构成了第一段历史以及罗马人民的童年期。这些王在命运的分配下，具备了时代背景和国家利益所要求的各种品质。因为在哪里还能发现比罗慕路斯更大胆的人？获取王权需要这样的一个人。谁能比努马还虔敬？时代要求这样一个人以使一个野蛮民族产生对诸神的敬畏，进而驯化性情。图鲁斯创立了军队，并以纪律规范他们的勇武，他对一个战士的国度是多么的重要啊！建筑者安库

①　比读李维，i, 55, *cum omnium sacellorum exaugurationes admitterent aves*, *in Termini fano non addixere*.

斯为罗马城建立了一座殖民地①以扩展它，建立了一座桥以连接它，建立了一座城墙以保护它，这对罗马来说又是多么必需啊！塔克文给一个至高无上的民族的服饰增加了多少的饰物和徽标啊！由塞尔维乌斯进行的人口普查除了使罗马人意识到自己的力量外，还有什么影响呢？最后，高傲者塔克文的残暴统治也具有某些重要的作用，因为这导致人民对他的暴行忍无可忍，终于燃起了渴求自由的火焰。

III. 论政府的改变

9. 那位死去的妇女②将为自己的冤屈复仇的任务交给了布鲁图和科拉提努斯，于是在他们的领导和指引下，罗马人民仿佛受到上天的激励，前去为那被凌辱的自由和贞洁讨还公道。他们突然废黜了王，剥夺了他的财产，将他的土地献给他们的马尔斯神，将治权转交给这两位捍卫他们自由的斗士。③ 然而，他们又将统治者的权力与头衔进行了改变。人民决议该职位应该是每年一任而非终身的，而且它还应该由两人而非一人担任，以防权力被一个人占有，或长时间被占有而出现滥用的情况；他们称这些人为执政官（consuls）而非王，以让他们时刻谨记在涉及利益时一定要与公民同胞协商。新建立的自由体制给人们带来了莫大的欢乐，以至于他们很难相信这种改变后的状况。于是，他们剥夺了一位执政官鲁克蕾提娅的丈夫的法西斯棒束并将其逐出罗马城，因为他与王家有相同的氏族名并且被认为与之有亲戚关系。被选来取代他的职位的荷拉提乌斯·普布利可拉（Horatius Publicola）以最大的热忱，努力提升这个新获自由的民族的尊荣。他在公民大会前将自己的法西斯棒束放低，并授予公民对自己以及同僚的决议上诉的权力。他还将自己的住所移到城市基础高度的地方，以防他因被看来占据了一个居高临下的位置而冒犯他人。布鲁图则甚至

① 奥斯提亚。
② 鲁克蕾提娅。
③ 布鲁图和科拉提努斯。

通过摧毁和屠杀自己家人的方法获取公民的好感。因为他发现自己的儿子们渴望在城中复辟王政，于是就将他们拖到广场上来，在公民大会前用棍棒殴打他们，后来又将他们斩首。这样，他仿佛收养人民以取代自己的儿子，从而以祖国之父的姿态面世。

从此以后获得自由的罗马人拿起武器对抗其他民族，先是确保他们的自由，接着扩张他们的领土，然后保护他们的同盟，最终赢得荣耀与帝国。当初，他们没有占有任何一块属于自己的土地。城墙外边的土地属于敌人，城的位置在拉丁姆和埃特鲁里亚之间两条路的交汇点。他们在四周不停地遭到邻人的骚扰，于是，只好在自己所有的城门外迎击敌人。结果，他们就像热病一样散布开来，一个接一个地进攻敌人，不断将最邻近的地区纳入自己的版图，最终掌控了整个意大利。

IV. 反对国王波尔森那的埃特鲁里亚战争

10. 在将王驱逐后，罗马人民拿起武器所做的第一件事是捍卫自己的自由。因为埃特鲁里亚国王波尔森那（Porsenna）率大军逼近，并渴望以武力为塔克文家族复辟。虽然他以武力和饥馑严酷地压迫罗马人民，而且占领了雅尼库鲁姆（Janiculum），控制了通往罗马城的道路，罗马人还是坚持抵抗并将他打退。最终罗马人对他大加奉承，致使他在实力较强的情况下，还是与一个根本没被击败的敌人缔结了一纸友好条约。正在此时，荷拉提乌斯（Horatius）、穆基乌斯（Mucius）和克罗伊莉娅（Cloelia）这三位罗马的天才和奇迹产生了。他们若是没有被我们的《年代记》（Annals）记录，在今天看来或许令人难以置信。因为荷拉提乌斯·科克勒斯（Cocles）发现他不能单独击退从四周威胁他的敌人，在桥塌之后便游过第伯河而没有丢弃自己的武器。穆基乌斯·斯凯沃拉（Scaevola）设计谋略试图在王的营帐攻击王。在他错误地击中穿紫色衣服的侍从①而被抓后，他将手放在火中，施巧计以加

---

① 他的错误是因为该侍从是 *pari*（*cum rege*）*fere ornatu*（李维，II. 12，7）。

重王的恐惧。他说道:"看,你要明白你是从一个怎样的人手中逃脱 33
了。我们的 300 人宣誓要尝试同样的做法。"说起来读者可能不信,在
这过程中穆基乌斯毫无惧色,但王被惊呆了,仿佛是自己的手被灼烧
一样。男人们的勇敢行为就叙述到这里。罗马人中无论男女,都不乏
值得赞美的事迹,你看,就是少女也展示了她们的勇敢。克罗伊莉娅
曾作为人质之一被交给王,她从看守那里逃脱,并在马背上游过她故
乡城市中的河流。王确实被这些惊人的勇敢表现惊呆了,便告别罗
马,令他们保有自由。然而,塔克文家族的人继续顽抗,直到布鲁图
亲手杀死王的儿子阿尔伦斯(Arruns)①为止,布鲁图也因为敌所伤而
死在对方的尸体上,仿佛甚至到冥府都会继续追捕这个奸夫似的。

V. 拉丁战争

11. 拉丁人也因对罗马人的敌视和嫉妒的情绪而支持塔克文家族,
他们希望使一个在国外正在逐渐成为他人之主的民族,至少在国内成
为奴隶。于是,整个拉丁人在图斯库鲁姆(Tusculum)的马米利乌斯
(Mamilius)的领导下借为王复仇来鼓舞士气。两军在勒基鲁斯湖
(Lake Regillus)发生了一次战斗,此战耗时持久、胜负难决。最后独
裁官(dictator)波斯图密乌斯采取了一个新奇而卓越的策略——将军帜 35
(standard)丢到敌军中间,以激励士兵将其重新夺回。骑兵长官
(master of the horse)科苏斯(Cossus)②则采取了另一个新奇的计策,
命令骑兵丢掉他们战马的嚼子,以便使他们更勇猛地冲锋陷阵。这场
战争打得难分难解,所以有一个传说流传下来,说诸神曾旁观了这场
恶战。两个骑白马的年轻人从战场上疾驰而过,就像流星划过天空。
没有人怀疑他们是喀斯托尔(Castor)和波吕克斯(Pollux)。于是罗马
统帅亲自向他们祈祷,乞求胜利,并允诺为他们建立一座神庙。他后

---

① 高傲者塔克文之次子。——中译者
② 弗洛鲁斯在此错误地将科苏斯视为骑兵长官提图斯·埃布提乌斯。奥鲁斯·科尔涅利乌
斯·科苏斯是公元前 426 年的独裁官马美尔库斯·埃米利乌斯·马美尔基努斯的骑兵长官。

来实现了自己的允诺，就像在回报那两位天神。二者曾全副武装，作为他的战友。

此前罗马人为自由而战，现在他们因边界争端而与这些拉丁人发生了持久而无间断的战争。科拉(Cora)(说来谁能相信呢?)和阿尔西乌姆(Alsium)曾令他们胆寒：萨特里库姆(Satricum)和科尔尼库鲁姆(Corniculum)是两个行省。我们举行了对维鲁莱人(Verulae)和波维莱人(Bovillae)的凯旋式，但我耻于提及此事。庄严的誓言在卡庇托(capitol)被发出之后，现在的市郊提布尔(Tibur)和现在迷人的避暑胜地普莱涅斯特(Praeneste)受到了攻击。对我们来说，[曾经的]法伊苏莱(Faesulae)与后来的卡莱(Carrhae)①意义是一样的；阿里基亚森林(Arician Wood)和赫尔居尼亚森林(Hercynian Forest)②一样，弗勒格莱(Fregellage)与格索里亚库姆(Gesoriacum)③一样，第伯河与幼发拉底河(Euphrates)也一样。对科利奥里(Corioli)的占领——唉！我耻于提及此事——被认为是一次辉煌的成就，以至于格奈乌斯·马尔基乌斯(Gnaeus Marcius)成为了科利奥拉努斯(Coriolanus)，将该城市纳入自己的名字，好像他征服了努曼提亚(Numantia)或阿非利加(Africa)似的。从安提乌姆(Antium)虏获的战利品依然存在。当初麦尼乌斯(Maenius)在俘获敌人的舰队后将它们装在广场的讲坛上。实际上当初这支舰队很难被称为一支舰队，因为它只包括 6 艘带冲撞角的舰船。然而，在那远古的岁月里，这般数量的舰队对一场海战而言已经足够。

拉丁人中的埃奎人(Aequi)和沃尔斯基人(Volsci)与罗马人的对抗最为持久。如果可以的话，我甚至要说他们每天都与罗马为敌。这些人主要被提图斯·昆克提乌斯(Titus Quinctius)征服。这位独裁官在耕种的时候被召来上任，后来通过一次著名的胜利解救了执政官马尼

---

① 见英译本第 211 页。
② 见英译本第 337 页。
③ 见英译本第 205，337 页。

利乌斯（Manilius）的军营，后者当时正被围攻，险些被占领。此事恰好发生在播种季节的中间，那时扈从（lictor）发现这位贵族正在亲自弯腰耕田。昆克提乌斯从地里赶赴战场，为了遵循农作的传统，他让被征服的敌人像牛一样穿过轭门（yoke）。战争就这样结束了，这位农夫举行过凯旋式后又回到自己的牛群身边，而且，天啊，这一切又是多么迅速啊！因为战争由开始到结束共进行了 15 天，因此在全世界的人看来，这位独裁官似乎是在赶忙回去完成自己留下的农活。

VI. 对埃特鲁里亚人、法里斯基人、维伊人和费德奈人的战争

12. 就埃特鲁里亚方向来说，维伊人每年都进攻我们，是我们持久的敌人。于是，法比乌斯氏族（Fabii）组成了一支特殊的军队，与其进行了一场私下的战争。这支军队所遭遇的灾难家喻户晓。在克勒美拉（Cremera）附近，这支由贵族组成的军队中 300 人被杀，因此将他们送出的那座城门被称为罪恶之门。但后来罗马人在先后不同领袖的率领下，以不同的方式将那些最强大的城市占领，才用一系列巨大的胜利将这一灾难的耻辱偿赎。法里斯基人（Falisci）自愿投降；费德奈人被自己燃起的大火毁灭；维伊城被洗劫一空并夷为平地。在围攻法里斯基人时，罗马统帅的光荣举动值得人们钦佩，而且这也确实实至名归。当时敌方一位学校的校长提出背叛自己的城市，但罗马统帅竟然将他捆绑起来，连同被他拐来的孩子一起送了回去。因为作为一个正直而明智的人，罗马统帅知道真正的胜利只能通过不被玷污的光荣和未受损害的尊严赢得。费德奈人在武力方面不是罗马人的对手，于是就手持火炬，戴着如毒蛇一般的杂色头带，想以此造成恐惧感，他们还像着了魔一般往前挺进。但他们的丧礼服装成为他们灭亡的征兆。维伊城挺住了 10 年的围困，从而证明了自己的力量。在这过程中，罗马军队第一次在毛皮帐篷中过冬，罗马人也是第一次为冬季服役提供特殊津贴，而士兵们也主动发誓不占领该城决不返回。从国王拉尔斯·托鲁姆尼乌斯（Lars Tolumnius）处虏获的战利品被带到凯旋式上

39

展示，然后被献给了拒敌之神朱庇特。我们最终攻陷该城不是通过云

41 梯或是强攻，而是通过土攻，通过地下作业的计谋。最后，我们所虏获的战利品如此丰富，所以其十分之一被送到皮松·阿波罗圣所（Pythian Apollo）。所有罗马人民都被召来劫掠该城。维伊城在当时就是遭遇了如此的灾难。现在谁还记得先前曾存在过这样一座城？它留下了什么遗物或遗迹？我们相信自己的《年代记》的话，则很难相信曾经存在过维伊这样一座城。

VII. 对高卢人的战争

13. 这时，由于诸神的嫉妒或是由于命运的安排，帝国的快速发展被塞诺涅斯高卢人（Gallic Senones）的入侵抑制了一段时间。这段时间带来了大量灾难，因此应该被认为是对罗马人民有害的；但它又对他们的勇敢进行了检验，因而应该被认为是一段辉煌的岁月；到底应该如何定夺，我无从把握。无论如何，灾难如此来势汹汹，因此我只能认为它是上天对罗马人民的检验，因为不朽的诸神想要知道罗马人的勇敢是否配得上一个世界帝国。

塞诺涅斯高卢人是一个天然的野蛮民族，相当不开化。而且，他们身材魁梧，武器也相应较大，再加之其他因素，所有这一切都给人造成恐惧，以致他们看来好像是专为杀伤人命和摧毁城市而创造的。他们从地球上最偏远的海岸和包围一切的大洋出发，蜂拥而来，在废弃了所有中间地带后，定居在阿尔卑斯山（Alps）和帕都斯河（Padus）

43 之间。后来，他们甚至不满足于这片领土，便开始在意大利游荡。最后，他们围攻克鲁西乌姆城（Clusium）。罗马人为其同盟者和联邦的利益而进行干预。根据惯例，罗马人派出了使节进行抗议。但我们能够从蛮族那里期盼怎样的公正呢？对方只是表现得更为凶残，从而导致了公开的冲突。塞诺涅斯人从克鲁西乌姆撤出，向罗马进军，他们在阿里亚河（Alia）遭遇到执政官法比乌斯所率领的一支军队。我们不

可能轻易找到比此役更耻辱的一次败绩了，所以罗马人在日历上的那一天画上了黑色的标记。① 将罗马军队击溃后，敌人向无军守卫的罗马城进逼。而也正是在这一次，罗马人的勇敢得到了空前的展现。首先，曾经担任过最高职位的老年人们聚集于广场，由首席大祭司（chief pontiff）主持仪式，他们在那里将自己献给冥府诸神。后来他们立刻各回各家，穿着他们的官服和最华丽的盛装，坐在显贵圈椅（curule chairs）上，以便当敌人到来时，他们可以通过适合自己尊贵身份的方式死去。大祭司们和弗拉蒙祭司们挖坑将神庙中最神圣的器物掩埋，又将其他器物装上马车运往维伊。同时，维斯塔贞女们赤脚护送圣物逃亡。然而据说一个叫阿尔比尼乌斯（Albinius）的平民在贞女们逃跑过程中帮助她们，他让自己的妻儿下车，将她们接到马车上。如此看来，甚至在最山穷水尽的时刻，对公共宗教的尊崇也胜过了私人情感。一群年轻人——其数量一般认为不超过 1000——在曼利乌斯（Manlius）的率领下，在卡庇托山丘上的卫城占据了一处地方，然后向朱庇特（Jupiter）祈祷，请他像他们保护他的神庙一样保护他们的勇敢，就好像这位天神正在现场似的。与此同时，高卢人赶来，他们进入这座城门大开的城市。一开始他们心存恐惧，生怕有什么隐秘的计谋在等着他们，但后来，当他们发现周围空无一人时，发出同样的叫嚣，表现出同样的狂躁。他们来到各家各户，发现都门户大开：在这里，他们看到那些老年人穿着紫边袍子坐在贵族圈椅上，仿佛天神或幽灵②一般，于是被震慑住了。但后来，他们发现这些不过是凡人，而且拒绝回答任何问题，便以同样残忍的手段将其全部杀死，还向各家各户投掷火炬，并用烈火、刀剑和他们的双手将整座城市夷为

———————————

① 阿里亚河战役的年份无法确定；李维认为是在公元前 390 年，波利比乌斯和狄奥多罗斯认为是在公元前 387 年；此役日期则是确定的，即 7 月 18 日；该日为罗马人民的丧日。——中译者

② 即此地的守护神。

平地。蛮族紧紧包围那座山丘,夜以继日地企图攻陷它,就这样用了6个月的时间(说来谁能相信呢?)。曼利乌斯被一只鹅的叫声惊醒,在敌人连夜爬山时将其从山岩顶上推下;为了使敌人的希望破灭,即使当时已经饥饿至极,他还是从卫城上丢下面包以造成充满自信的印象。在指定的某一天,他还派大祭司法比乌斯穿过敌人的守军,前往奎里那尔山丘举行了一次庄严的献祭。大祭司因自己使命的神圣性而得到保护,从敌人的武器中间安全地返回,还宣布神兆是吉利的。最后,蛮族被自己的围攻行动拖垮,他们答应收取 1000 磅的赎金然后撤退。(而且,他们又以一种极为傲慢的做法为这次交易打上印记:在收取黄金时,他们蛮横地将一柄剑放在天平上,使称量不公正还发出傲慢的嘲讽:"战败者就该倒霉!")他们在撤退时,卡米鲁斯(Camillus)突然从后方攻击他们,并进行了如此大规模的屠杀,使得罗马城被焚的残迹都被高卢人那泛滥的血流清洗完毕。我们应该感谢诸神,让罗马城被如此彻底地摧毁,因为大火吞噬的是牧人的茅舍,火焰掩埋的是罗慕路斯那小小的栖身所。这场大火还能产生什么别的影响呢?无非是使这座注定作为凡人与诸神居所的城市,更多地被圣化和净化,而非被摧毁和推翻。这样,当罗马城被曼利乌斯拯救,被卡米鲁斯夺回后,罗马人又一次振作起来,以更大的活力与勇力对付身边的敌人。

VIII. 后来对高卢人的战争

首先,卡米鲁斯不满足于将这一特殊的高卢部落赶出城外,又趁他们率残兵败将穿越意大利时紧紧追击他们,以至于今天没有留下任何有关塞诺涅斯人的踪迹。有一次,在阿尼奥河(Anio)河畔发生了对他们的大屠杀,在其中一次一对一的决斗中,曼利乌斯从一个蛮族手中夺取了一个金项圈以及其他战利品。他的家族因这个项圈的缘故得名托尔夸图斯(Torquati)。另一次,在庞普提努斯地区一次相似的战斗中，一只神鸟落到了瓦勒利乌斯（Valerius）头盔上，并帮助他从敌人那里夺取了战利品，此事产生了科尔维努斯（Corvini）①的家族名。另外，几年后，在埃特鲁里亚的瓦狄莫湖（Vadimo）附近，多拉贝拉（Dolabella）摧毁了该部落所有的残余势力，所以这一民族没有人能够生存下来以吹嘘他们曾焚毁过罗马城。

IX. 拉丁战争

14. 在曼利乌斯·托尔夸图斯和德基乌斯·穆斯（Decius Mus）执政官年②，罗马人将注意力由高卢人转向了拉丁人。后者总是与罗马人争夺帝国，现在，他们蔑视这座被焚毁的城市，要求获得公民权、参与政府管理、担任公共职位，甚至竟敢在卡普亚（Capua）与罗马人交战。一位执政官将自己的儿子处死，因为后者违反他的命令擅自作战，哪怕他取得了胜利（这表明强化服从意识要比获得胜利更重要），而另一位执政官仿佛受到了上天的启示似的，在军队前面蒙着头将自己交给了冥府诸神，他打算通过将自己投入敌人武器最密集的地方，以自己的血迹开辟一条通往胜利的新途径。在这样的情况下，谁还能怀疑敌人必将屈服呢？

X. 萨宾战争

15. 继进攻拉丁人后，他们进攻了萨宾民族。该民族忘记了在提图斯·塔提乌斯（Titus Tatius）统治下所形成的[与罗马人的]同盟关系③，反而被拉丁人的士气所感染，并在战争中投靠到他们一方。在库利乌斯·敦塔图斯（Curius Dentatus）执政官年④，罗马人以烈火和刀剑废弃了在纳尔河（Nar）、阿尼奥河和维里努斯湖（Velinus）源头

---

① 科尔维努斯，源自 *corvus*（渡鸦）。
② 公元前 340 年。
③ 见英译本第 13 页。
④ 公元前 290 年。

之间，直到亚德里亚海（Adriatic）的所有郊区领土。如此多的人口和如此辽阔的领土因此战而丧失，以至于就连战胜者也不能确定哪一点意义更为重大。

XI. 萨姆尼乌姆战争

16. 接下来，被坎帕尼亚人（Campanians）的乞求所触动，罗马人进攻了萨姆尼乌姆人（Samnites）。这一方面是为了自己，但更加荣耀的原因是为了他们的同盟者。此前，罗马人曾经与两个民族之间都缔结了条约，但与坎帕尼亚人缔结条约更为正式和古老，而且根据条约，坎帕尼亚人交出自己所有的财产。这样，罗马人与萨姆尼乌姆人作战，就像是在为自己作战一样。

坎帕尼亚地区是所有地区中最美丽的，不仅在意大利是这样，就是在全世界看来也是如此。没有哪里的气候比这里还温和：确实它一年中有两次春天，两个花季。没有哪里的土壤比这里还肥沃；正是由于这一原因，人们都说它是利贝尔神（Liber）和克勒斯（Ceres）神相互争夺的对象。没有哪里的海岸比这里的还好客，它有著名的凯伊塔港（Caieta）、米塞努斯港（Misenus）和拜亚港（Baiae），又有鲁克里努斯湖（Lucrine Lake）和阿维尔努斯湖（Avernian Lake）。拜亚港拥有温泉，鲁克里努斯湖和阿维尔努斯湖则似乎是海洋永享安宁的地方。这里有植满葡萄的高鲁斯山（Gaurus）、法勒尔努斯山（Falernus）和马西库斯山（Massicus），还有它们中最美丽的维苏威山（Vesuvius）。此山的火焰可以与埃特纳山（Etna）的火焰相媲美。海岸上坐落着弗尔米埃（Formiae）、丘米（Cumae）、普特奥里（Puteoli）、那不勒斯（Naples）、赫尔库拉纽姆（Herculaneum）、庞培伊（Pompeii）以及诸城市的女王卡普亚，后者曾经被视为世界三大城市之一。罗马人正是为了这座城市和这些地区而进攻萨姆尼乌姆人的。关于这个民族，它穿着金银的盔甲和五颜六色的服装，衣着达到了铺张的程度，由此可知其财富；它经常从自己的隘口和山上的埋伏点奇袭敌人，由此可知其狡猾；它通过神圣的法律和人祭激励自己摧毁我们的城市，由此可知其疯狂与暴怒；它曾六次因条约破坏以及随之而来的灾难被激怒，由此可知其顽固。然而 50 年来，在法比乌斯父子和帕庇利乌斯父子(Papirii)两代人的领导下，罗马人如此彻底地击败和制服了萨姆尼乌姆人，又将他们的城市残迹摧毁到这样的程度，以致今天的人们要仔细搜寻萨姆尼乌姆领土上的萨姆尼乌姆在何处，而且很难想象这里怎么能有如此的资财，竟然令罗马人举行了 24 次战胜他们的凯旋式。在维图利乌斯(Veturius)和波斯图密乌斯(Postumius)执政官年①，罗马人在考狄乌姆峡谷(Caudine Forks)，在这一民族的手上遭受了一次最引人注目的、标志性的失败。罗马军队在那个隘口遭到伏兵的围困，无法逃脱。敌军长官庞提乌斯(Pontius)面对这天赐良机不知所措，便向父亲赫伦尼乌斯(Herennius)寻求意见。后者因高龄而睿智，他给出的建议是要么将敌人全部放走，要么全部屠杀。庞提乌斯最终剥夺了敌人的武器，逼迫他们穿越轭门后离开。这样，他没有通过仁慈的举动而与罗马人成为朋友，却因对他们的侮辱而加深仇恨。结果，两执政官立刻主动将自己交给敌人，通过这种慷慨的牺牲偿赎了条约带来的耻辱。士兵们在帕庇利乌斯的率领下呼吁复仇，他们在两军接战之前就拔剑出鞘，满腔怒火地向前冲锋(这种情形说起来让人恐怖)。敌人承认，当两军接战时，他们看到罗马军人的眼中燃烧着火焰。罗马人持续进行屠杀，直到让敌人和那位被捕的将军穿过轭门，从而实现了复仇。

XII. 对埃特鲁里亚人、萨姆尼乌姆人以及高卢人的战争

17. 到目前为止，罗马人一直在与单一民族作战，但他们很快就遇到敌人联军的攻击。即便如此，他们还是足以应付所有敌人。埃特鲁里亚人的 12 个部落、翁布里亚人(Umbrians)以及萨姆尼乌姆人的

① 公元前 321 年。

19

残余突然一起密谋将罗马这个名字从地球上抹去。翁布里亚人是意大利最古老的民族，到那时为止在战争中未尝败绩。这么多强大民族的同时来袭造成无比的恐慌。四面敌人的军旗在埃特鲁里亚广阔的领土上空舞动。与此同时，罗马和埃特鲁里亚之间有一片基米尼亚森林（Ciminian forest），它在以前就像卡勒多尼亚森林（Caledonian forest）或赫尔居尼亚森林一样无路穿越，此时它引起了如此的恐慌，以致元老院禁止执政官前去冒险。然而，这样的警告没有阻止那位将军派自己的兄弟前去勘测出一条通道。被派出者打扮成一个牧人模样，在夜间勘察这一片土地并带回安全路线的信息。就这样，法比乌斯·马克西穆斯（Maximus）没有经历任何危险就将这一次最危险的战争结束。因为他在敌人尚未排成队列，散乱分布的时候突然发起攻击，在夺得了制高点后，居高临下随意地用自己的雷电打击敌人——这种战斗方式犹如从天上或云里投射矛矢打击诸巨人。然而，这绝非一场不流血的胜利，因为执政官之一德基乌斯在山谷转弯处遭到突袭，像自己的父亲一样将他的生命奉献给了冥府诸神，这样通过一次个人牺牲支付了胜利的代价。这种个人牺牲在他们家族中成为传统。

XIII. 塔伦图姆战争

18. 接下来爆发了塔伦图姆战争。这次战争从名称、名义上看是单独的一场战争，实际上它的胜利是多层面的。因为它一次性地毁灭了战争的诸多诱发因素：坎帕尼亚人、阿普里亚人、鲁卡尼亚人和塔伦图姆人（Tarentines）——实际上相当于整个意大利；除了这些民族外，他们还击败了希腊最有名的君主皮洛士（Pyrrhus）。就这样，此战同时完成了对意大利的征服和揭开了罗马举行海外凯旋式的序幕。塔伦图姆由拉克戴梦人（Lacedaemonians）建立，最初是卡拉布里亚（Calabria）、阿普里亚（Apulia）和整个鲁卡尼亚（Lucania）的首府，它因面积辽阔、城墙高耸和港口优良而著名，并因地理位置被人羡慕。因为它坐落在亚德里亚海的入海口，能将船送到世界各地，比如伊斯特里亚(Istria)、伊利里库姆(IIlyricum)、伊庇鲁斯(Epirus)、亚该亚(Achaea)、阿非利加和西西里(Sicily)。剧场就坐落在港口上方,位置优越,可以俯瞰大海,而这也是这座不幸的城市遭受所有不幸的原因。曾几何时,塔伦图姆人正在举行节庆,其间恰好看到罗马舰队向海岸驶来,他们认为是敌人来袭,便冲出来不分青红皂白地肆行侮辱,问罗马人是什么人,从何地来。不仅如此,当罗马立即派来一位使节并提出抱怨时,他们也是用极其无耻下流的手段侮辱他们。所有这一切导致战争爆发。战争的准备阶段引起了恐惧,因为起而守卫塔伦图姆的民族数不胜数,其中最积极的是皮洛士。他率领伊庇鲁斯、色萨利(Thessaly)和马其顿(Macedonia)的全部兵力以及尚不为意大利所知的战象前来,用军队、战马和武器,又利用野兽所引起的格外恐惧在海上和陆上威胁罗马人。他的目的是保护这样一座城市:它由于是由拉克戴梦人建立而成为半希腊城市。

第一次战斗于莱维努斯(Laevinus)执政官年①发生在利里斯河(Liris)附近坎帕尼亚的赫拉克里亚(Heracleia),而且战况如此激烈,费伦塔利乌斯兵中队(Ferentanean squadron)的指挥官奥布西狄乌斯(Obsidius)竟然攻击国王并令其溃逃,逼迫他丢掉了国王徽标并逃离战场。一切本应就此结束,但此时战象突然出现并将战斗变成一场野兽表演。因为罗马人的战马被它们的巨大的形体、丑陋的外表以及怪异的气味和高声的吼叫所震慑,从而高估了这陌生的庞然大物的可怕程度。这样,战象造成了极其广泛的恐慌与破坏。第二次,也是比较成功的一次遭遇战于库利乌斯和法布利基乌斯(Fabricius)执政官年②发生在阿普里亚的阿斯库鲁姆(Asculum)。此战,由这些巨兽所引起的恐惧已经消失。第四军团(legion)的首列士兵盖乌斯·努米基乌斯(Gaius Numicius)上前砍断其中一头战象的鼻子,从而表明这些怪物

_61_

---

① 公元前 280 年。当年两执政官为普布利乌斯·瓦勒利乌斯·莱维努斯和提比略。——中译者

② 公元前 279 年。

也是血肉之躯。于是罗马人将标枪集中投向它们，将火炬投向它们所驮运的塔楼，用熊熊火焰遮盖了敌人所有的队列。到黑夜将两军分开时，大屠杀才结束。国王最后一个离开战场，他肩膀受伤，被随从们用他自己的盾牌抬走。最后一次战斗发生于鲁卡尼亚所谓的阿鲁西尼平原（Arusine Plains），其间罗马指挥官如上文所述。这一次，罗马人赢得了彻底的胜利。一次偶然的机遇帮助了罗马人，否则的话他们要通过英勇战斗实现这样的效果。当战象又一次向第一列士兵逼近时，恰好它们中一头小象被一支标枪狠狠地击中头部，于是调头就跑。它因疼痛而大声吼叫，匆忙地穿过后面那群困惑不解的伙伴。这时小象母亲认出了它，便离开原先的位置前来保护。母象的巨大形体引起周围大混乱，就好像母象在进攻敌人似的。于是，同是这群野兽，在第一次战斗中夺取了对罗马人的胜利，在第二次战斗中与罗马人战平，在第三次战斗中则令罗马人取得无可争辩的胜利。对国王皮洛士的斗争不仅包括使用武器的斗争、在战场上的斗争，还包括国内的阴谋。因为取得第一次胜利后，这位老谋深算的国王认识到了罗马人的勇敢，立刻放弃在军事上取胜的希望，转而诉诸阴谋诡计。于是，他将阵亡者的尸体火化，对待战俘非常宽宏大度，还不收任何赎金而将他们放回罗马。事后，他派使节到罗马，用尽各种手段试图缔结条约，与罗马人成为朋友。不管是在和平时期还是在战争时期，不论是在国内还是国外，罗马人的勇敢在各方面都证明了自身的价值。在塔伦图姆战争中所取得的胜利比任何其他胜利都能够昭示罗马人民的勇敢、元老院的睿智和将军们的雄才伟略。据说，在第一次战斗中大量士兵被战象踩踏在脚下，这些都是怎样的人啊？他们所受的伤全在胸前；有些人与敌人同归于尽，手中还紧握刀剑，脸上还残留着咄咄逼人的面容，阵亡后尚未消融满腔的怒火。皮洛士大受震动，怀着钦佩之情喊道："如果我有罗马人这样的军队的话，赢得世界帝国岂不易如反掌！如果罗马人有我这样的国王的话，他们赢得世界帝国也是轻而易举！"另外，他们弥补战斗减员是多么的迅速啊！皮洛士就曾说过：

"每当我看到所有这些敌人的头颅被砍下后，又从血泊中再生，就如同勒尔奈亚的许德拉（Lernaean hydra）一样，这时我明明看到自己就是赫丘利（Hercules）的后裔。"另外，元老院又有着怎样的秉性呢？曾几何时，罗马人在阿庇乌斯·凯库斯（Caecus）的提议下将皮洛士的使节赶出罗马，同时让他们带走他们的礼物。事后国王问使节们怎样看待这群敌人的巢穴时，他们说罗马城好像一座神庙，元老院犹如一群国王聚集在那里。另外，罗马人的将军们是怎样的人呢？甚至在战场上时，库利乌斯遣回了那位提议出卖皮洛士头颅的医生，法布利基乌斯拒绝了国王要与他分享王国的提议。而在和平时期，库利乌斯宁愿使用自己的陶罐也不要萨姆尼乌姆人的黄金，拥有监察官（censor）所有权力的法布利基乌斯则认为鲁非努斯这样一个执政官级别的人拥有10磅白银是奢侈的行为。罗马人在道德上如此自律，在军事上如此勇敢，那么谁还能怀疑他们会取得胜利呢？在单单对塔伦图姆人的战争中，仅在4年的时间内，他们便征服了意大利的大部分地区，征服了那些最勇敢的民族，征服了那些最富裕的城市，征服了那些最肥沃的领土，对此谁还能表示怀疑呢？或者说，有什么能够比战争的开始和结局之间的对比更让人难以置信呢？皮洛士在第一次战斗中获得了胜利，使整个坎帕尼亚都在颤抖。他废弃了利里斯河两岸和弗拉格莱（Fregellae），从普莱涅斯特城中仰视几乎被他攻陷的罗马城，而且在只有20英里的距离外，令那些浑身颤抖的公民双眼满是硝烟和尘土。67
后来，同是这位国王的军营被两次占领，自己两度受伤，并且如一个亡命徒一样被罗马人追赶，最终越过海洋和陆地返回自己在希腊的国土，这时和平与安宁才有了保障。罗马从如此多富裕的民族中汇聚了如此丰富的战利品，甚至它自身都容不下这么多的胜利果实。从前极少有更美丽或更荣耀的凯旋式进入罗马城。到那时为止，你能够看到的战利品无非就是沃尔斯基人的牛群、萨宾人的羊群、高卢人的马车和萨姆尼乌姆人折断的武器。现在如果你看一下俘虏，会发现他们中有摩洛西人（Molossians）、色萨利人、马其顿人、布鲁提乌姆人（Bruttians）、阿普里亚人和鲁卡尼亚人。如果你看一下队列，你们可以看到黄金、紫色[的华服]、徽标①、图画和所有塔伦图姆的奢侈品。但在罗马人看来，没有什么东西比这些庞大的畜牲[战象]更令人愉快。这些畜牲曾经令他们如此恐惧，现在却跟随着击败了它们的战马，耷拉着脑袋，因为它们并非完全没有意识到自己也成为阶下囚。

XIV. 皮克努姆战争

19. 这时，整个意大利都享受到和平——因为在塔伦图姆被击败后谁还敢冒险抵抗？只是罗马人认为应该对那些原先敌人的同盟者进行惩罚。皮克努姆（Picenum）人于是被征服，他们的首府阿斯库鲁姆被塞姆普罗尼乌斯（Sempronius）率军攻占。在战斗过程中有地震发生，当时这位统帅答应为大地母神（goddess Earth）修建一座神庙，从而平息了她的怒火。

XV. 萨仑提尼战争

20. 罗马人在马尔库斯·阿提利乌斯（Atilius）率领下，令萨仑提尼人（Sallentines）与其国家的首都布伦狄西乌姆（Brundusium），连同它那著名的港口，与皮克努姆人遭遇了同样的命运。在战斗过程中，牧人女神帕勒丝（Pales）要求一座神庙作为胜利的代价。

XVI. 沃尔西尼战争

21. 进入罗马保护之下的最后一支意大利人是所有埃特鲁里亚人中最富裕的沃尔西尼人（Volsinians）。他们原先的奴隶在从他们那里获得自由后，转而利用这种自由反对原先的主人，夺权成功之后，便在国内充当暴君。于是，沃尔西尼人请求罗马人帮助对抗他们。罗马人在法比乌斯·古尔格斯（Gurges）的率领下对他们实施了惩罚。

---

① 拉丁文为"… *purpura*，*signa* …"，英译者爱德华·西摩·弗斯特作"*purple statues*"（紫色的雕像），英译者约翰·塞尔比·沃特森作"*purple*，*statues*"（紫色、徽标）。——中译者

XVII. 关于国内的纷争

22. 这一阶段构成了罗马人民的第二个时期，可以被称为青年期。在这期间，罗马人最为朝气蓬勃，展现出其最血气方刚时期所具有的活力与热情。可见，这个民族还遗留着从牧人祖先那里继承来的某些粗野的秉性，又流露着一种桀骜的气质。波斯图密乌斯（Postumius）将军原本答应在军队中分配战利品，后来又食言，这时军队发生哗变并向将军投掷石头。军人原本有能力击败敌人，却在阿庇乌斯·克劳狄率领下拒绝这样做。在沃勒罗（Volero）率领下，许多人拒绝服役，甚至将执政官的法西斯棒束打散。后来他们又对那些最著名的要人施以放逐的惩罚，因为这些人反对他们的意志。例如，科利奥拉努斯命令他们耕种自己的土地，因而受到放逐[他本可能通过武力为自己所受到的不公待遇进行更为严厉的报复，幸而他的母亲维图莉娅（Veturia）在他进军途中通过眼泪使他放下武器]；卡米鲁斯因被认为在人民和军队中间分配维伊的战利品时有不公行为，因而遭到放逐。然而，卡米鲁斯作为一个真正的爱国者，住在自己所征服的维伊城里直到老年，后来他应人民的请求对高卢敌人进行了报复。对元老院的斗争已经超越了任何公平正义的范畴，因为人民甚至离开了自己的家园并威胁要将他们的国家废弃和毁灭。

23. 第一次纷争主要是由于高利贷者的暴行。当时这些人竟然将债务人当作奴隶一样肆行暴虐，于是平民拿起武器撤离到圣山之上。雄辩而睿智的美涅尼乌斯·阿格里帕（Menenius Agrippa）费尽心机才将他们劝说回去[而且是在他们设立保民官（tribune）的要求得到满足之后]。他当时讲了一个寓言故事。该故事颇具古老的演说风格，对于促进团结极为有效，至今仍被铭记。阿格里帕讲道，有一次人体的各器官发生叛乱，他们认为自己在各司其职，唯独胃却饱食终日、无所事事。但后来，他们发现自己因脱离整体而正在死去，这时才真正明白，胃所做的工作是将食物转化为血液，并传输到他们身上。

24. 第二次纷争发生在罗马城的正中央，是由十人委员会 (Decemvirate) 的色欲引起的。十位显赫的公民应人民的要求被选举出来，一起根据希腊法制定了一批法令①，并将整个法律体系刻写在 12 块书表上。但他们后来以王的无法无天的态度，继续保有曾经被授予的法西斯棒束。阿庇乌斯态度傲慢超乎他人，竟然判定一个出身自由的少女有不贞行为，而忘记了鲁克蕾提娅，忘记了诸王，也忘记了他本人参与制定的法令。后来，该少女遭遇不公判决后被拖去为奴，这时她的父亲维尔基尼乌斯 (Virginius) 毫不犹豫地亲手在广场中间将她杀死，后来又发动自己的战友伙伴，以武力包围了整个暴君团伙，将他们从阿文丁山丘上拖下来，戴上镣铐，投入监狱。

25. 第三次纷争是由婚姻的尊严问题引起的，这主要是由于平民要求与贵族通婚。在雅尼库鲁姆山丘 (Hill of Janiculum)，在保民官卡努雷乌斯 (Canuleius) 的教唆下，这场骚乱突然爆发。

26. 第四次纷争是由于平民渴求公职，并要求行政官员应该也从他们中选出。法比乌斯·阿姆布斯图斯 (Ambustus) 是两个女儿的父亲，他将一个女儿嫁给一个具有贵族血统的男子苏尔庇基乌斯 (Sulpicius)，将另一个嫁给了平民斯托罗 (Stolo)。斯托罗的妻子曾经受到自己姐妹的无礼讪笑，因为她被扈从所持棍棒的声音所惊吓（她在自己家中极少听到这种声音）。斯托罗不能忍受这种侮辱。于是，当他获得保民官之职时，便违背元老院意志，向其谋取担当公共职位和行政官员的权力。

即便在这些纷争中，人们也有充分理由要钦佩这个至高无上的民族，因为它曾经拥护过自由，拥护过贞洁，也曾拥护过高贵的出身，还曾拥护过获得官职的声望与标识的权力，而在所有这些事情中，它

---

① 罗马人在立法之前曾经前往考察希腊法律，但其考察地更可能是大希腊地区，而非希腊本土。——中译者

最热切拥护的是自由，也从未因任何形式的贿赂而将自由出卖，即使如可以预料的那样，随着公民集团的日渐扩充，危险分子不时地出现。该民族通过即刻处死的方式处罚斯普利乌斯和卡西乌斯（Cassius），因为他们涉嫌谋取王权——前者的手段是慷慨赠送礼物，后者的手段是通过土地法令。对斯普利乌斯的惩罚由其父亲亲手执行，而卡西乌斯在独裁官昆克提乌斯（Quinctius）的命令下，在广场中间由骑兵长官塞尔维利乌斯·阿哈拉（Servilius Ahala）刺死。卡庇托的拯救者曼利乌斯因为给予大量债务人自由而行为开始变得傲慢，与一个普通公民不相称，后来他也被从自己曾保卫过的卫城上抛下。

罗马人民在经历自己惊涛骇浪的青年期，即其帝国的第二阶段时，其国内和国外、和平和战时就是这种状况。在这一阶段，帝国通过武力征服了阿尔卑斯山和海峡①之间的整个意大利。

XVIII. 第一次布匿战争

1. 意大利就这样被战胜和征服，这时罗马人民几乎到了帝国的第500个年头，完全可以说它到达了自己的成年期，现在它身强力壮、精力充沛——如果曾经有的国家堪称身强力壮、精力充沛的话——可与整个世界匹敌。就这样，一个令人震惊且难以置信的现象发生了：一个民族在自己的国家中征战了500年（它在意大利建立霸权就是如此困难），在接下来的200年中，又将战火和胜利覆盖到阿非利加、欧罗巴（Europe）和亚细亚（Asia），最终覆盖了整个世界。

2. 罗马人既已在意大利取得了胜利，现在将触角伸展到了海峡，在这里暂时停了一会儿，就像火焰一样，在焚毁所遇到的树木后，被一条河挡住了去路。但不久之后，罗马人发现在邻人的土地上有一个富饶的猎物。这"猎物"看起来好像是被租借了出去，因而被从罗马人的意大利领土分割出去。于是罗马人产生了占有它的强烈愿望。他们

① 墨西拿海峡（Straits of Messina）。

又考虑到，既然它不能被一道防波堤或桥梁连接，那么应该通过武力和战争再次获得，从而将其恢复到它所属的大陆中来。但你看！命运三女神亲自为罗马人开辟了道路，西西里一个与罗马人订立条约的国家美萨拿（Messana）前来抱怨迦太基人（Carthaginians）的残暴行径，从而为罗马人提供了机会。［迦太基人］这一民族如罗马人一样，也觊觎西西里。这两个国家在同样的时间，拥有同样的渴望与实力，都想要建立世界帝国。于是，罗马人提出帮助同盟者，实则是觊觎战利品。这个粗野的畜牧民族优势在于陆地，因此对这一陌生的行动有些担忧，但（他们的勇气所激发的信心是如此之大）向世人表明，对于勇敢者来说，战争无论是在马背上还是战船上，在陆地上还是在海洋上没有什么区别。

在阿庇乌斯·克劳狄执政官年①，他们第一次乘船越过海峡——这条海峡因传说中的海怪而著称，并且水流汹涌湍急。他们内心很少惊慌，竟然将那汹涌的海浪作为神的惠赐加以欢迎，于是立刻通过一次奇袭，毫不耽搁地击败了叙拉古的希耶隆（Hiero of Syracus），使后者承认还没看到敌人就战败了。

在杜伊利乌斯（Duillius）和科尔涅利乌斯（Cornelius）执政官年②，他们也冒险与敌人在海上交战。这一次，他们舰队的迅速建成，成为获得胜利的征兆。就在木料伐倒之后 60 天时间内，一支由 160 条舰船组成的舰队抛锚下海了。如此看来，这些树木不是通过人力技巧变成舰船，而是遵循天意幻化成舰船。战争的指挥调度也是精彩异常，因为罗马人沉重而缓慢的舰船要与敌人轻巧灵活的船只交锋纠缠。敌人平时所用的扫断敌人船桨③或是通过逃离瓦解敌人攻击势头的战术，

① 公元前 264 年。
当年的两执政官为阿庇乌斯·克劳狄·考德克斯和马尔库斯·弗尔维乌斯·弗拉库斯。——中译者
② 公元前 260 年。
③ *remos retorquere* 是通过扫过敌人的战船而清除其船桨的作战方式；比读波利比乌斯，《通史》，xvi. 4，14，Ταρσοὺπαρασύρω。

此役都没有用武之地。因为战前在敌人那里遭到嘲笑的钩锚和强固的装备固定在敌船上，迫使敌人像在旱地上一样作战。这样，在击沉或击退敌人的舰船后，罗马人在里帕拉群岛（Liparae Islands）附近取得了胜利，他们庆祝了自己的第一次海战胜利的凯旋式。当时他们是多么的欢欣鼓舞啊！当初担任统帅的杜伊利乌斯不满足于一天的凯旋式，在他的一生中，每当用完晚宴回来，总要命人在他面前点燃火炬，吹奏长笛以庆祝每日一次的凯旋。与杜伊利乌斯的巨大胜利相比，另一位执政官科尔涅利乌斯·阿西那（Asina）在遭遇敌人埋伏而阵亡就是一个微不足道的损失了；但他应邀前去参加一次假会议，然后被俘则是迦太基人背信弃义的极好明证。

在卡拉提努斯（Calatinus）独裁官任内①，罗马人几乎从阿格里根图姆（Agrigentum）、德勒帕努姆（Drepanum）、帕诺尔穆斯（Panormus）、埃吕克斯（Eryx）和利吕拜乌姆（Lilybaeum）驱逐了所有迦太基（Carthage）卫戍部队。有一次，卡美里那森林（forest of Camarina）中发生了恐慌，但由于军政官（military tribune）卡尔普尔尼乌斯·弗拉马（Calpurnius Flamma）超群的勇敢，我们得以解脱。他率领精选的 300 人组成的队伍占领了一座小山丘，引来敌人围攻，就这样耽搁了敌人足够的时间，使自己的整支军队可以逃脱。这一举动的辉煌结果，使他可以与列奥尼达（Leonidas）在德摩比利（Thermopylae）的美名相媲美。这位罗马的英雄在完成了这伟大的功绩之后竟然生存了下来，所以他显得更为光彩夺目，即使他没有用自己的鲜血写下什么文字。②

83

---

① 奥鲁斯·阿提利乌斯·卡拉提努斯，公元前 249 年的独裁官。——中译者
② 弗洛鲁斯在这里将列奥尼达与另一斯巴达英雄奥特利亚德斯（Othryades）混淆。后者在与阿尔戈斯人（Argives）争夺叙勒亚（Thyrea）的战斗中是 300 斯巴达战士中唯一的幸存者，后来他用鲜血在盾牌上写上叙勒亚属于斯巴达人，然后在战场上自杀（希罗多德，《历史》，i. 82.7）。

　　在鲁基乌斯·科尔涅利乌斯·西庇阿执政官年①，西西里已经是罗马人的一个远郊行省，这时战争散布得更远了。他们渡海到萨丁尼亚（Sardinia）和邻近的科西嘉岛（Corsica）。他们摧毁了前者的奥尔比亚（Olbia）和后者的阿勒里亚（Aleria），彻底震慑了当地居民，就这样将迦太基人彻底清除出陆地和海洋，只有阿非利加还有待征服。

　　在马尔库斯·阿提利乌斯·勒古鲁斯（Regulus）的领导下，战争现在转移到了阿非利加。然而，有些人一听到有人提及布匿海（Punic sea）以及由它所引发的恐惧就感到害怕，他们的这种恐惧被军政官那乌提乌斯（Nautius）进一步增强。然而，统帅以斧钺威胁他服从命令，从而使他们产生死亡的恐惧，以勇气激励他们踏上征程。于是，罗马人全速起航出发。敌人的到来使迦太基人极端惊恐，致使城门几乎忘关，城市几乎陷落。战争由攻击克里佩亚（Clipea）开始。这座城市从迦太基海岸突出来，犹如一座卫城或瞭望塔。它连同另外 300 座要塞被摧毁。然而，罗马人不得不既与人作战，又与巨兽作战，因为一条形体硕大的毒蛇仿佛为守卫阿非利加而生似的，袭扰了罗马人在巴格拉达斯河畔的军营。勒古鲁斯攻无不克、战无不胜、威名远播。他曾将大量敌人的士兵甚至他们的将领屠杀或俘虏，又曾事先向罗马运送了满满一船的战利品与物资，准备庆祝凯旋式。他已经对战争的罪魁祸首迦太基实行封锁，并对其各道城门紧紧施压，对敌形成严重威胁。这时，命运的风向稍微偏转，但只是为了更好地证明罗马人民的勇敢，而后者的伟大经常遭受悖运的检验。因为当时迦太基人向国外求援，而拉克戴梦派山提波斯（Xanthippus）前来担任他们的统帅，于是我们被一位身经百战的优秀将领击败——这是罗马人从未遭遇过的可耻灾难——那位勇敢的统帅被敌人活擒。然而，他证明自己能够直面这一灾难，他的精神意志没有被迦太基人的监狱或是前往罗马的使

① 公元前 259 年。
当年另一执政官为盖乌斯·阿奎利乌斯·弗洛鲁斯。——中译者

命所摧垮。他违背敌人的指示，提议反对缔结和约或交换战俘。他自愿回到敌人那里，最终在监狱中或在十字架上饱受折磨，而绝对没有玷污尊严。所有这一切只能使他更加令人钦佩，而他所做的是什么呢？只能是对战胜者举行了一次胜利的凯旋式。因为迦太基尚未屈服，勒古鲁斯实际上也是对命运女神举行了一次胜利的凯旋式。罗马人更加热忱和迫切地要为勒古鲁斯复仇，而不只是取得一场胜利。

在梅特鲁斯执政官年①，迦太基人变得更加肆无忌惮，战场转回 87 西西里。这时，罗马人在帕诺尔穆斯（Panormus）②使敌人遭受到如此的惨败，致使他们放弃了继续攻击这座岛屿的念头。罗马人所取得的伟大胜利被所捕获的大约 100 头大象所证明——即便他们不是在战斗中，而是在狩猎过程中捕获了它们，那也依然是一次大规模的猎获。

在阿庇乌斯·克劳狄执政官年③，罗马人被诸神而非凡人击败，因为他蔑视诸神的征兆。当初，圣鸡警告阿庇乌斯·克劳狄不要作战，于是被后者丢下海。不久之后，罗马人的舰队就在此地沉没。

在马尔库斯·法比乌斯·布特奥（Buteo）执政官年④，他们在靠近埃基穆鲁斯（Aegimurus）的阿非利加海域击败了敌人的舰队，当时后者实际上是在前往攻击意大利。但后来一次风暴袭来，胡乱肆虐的狂风将满载战利品的舰队吹散，令阿非利加、叙尔特斯（Syrtes）和所有邻近岛屿的海岸都布满了舰船残骸。这场风暴摧毁的是怎样的一次凯旋式啊？这确实是一场巨大的灾难！但这并非无助于增加这一最高民

---

① 公元前 250 年。

鲁基乌斯·凯基利乌斯·梅特鲁斯为公元前 251 年的执政官，当年另一执政官为盖乌斯·弗利乌斯·帕基鲁斯。公元前 250 年的两执政官为盖乌斯·阿提利乌斯·雷古鲁斯和鲁基乌斯·曼利乌斯·乌尔索·隆古斯。——中译者

② 今之巴勒莫（Palermo）。——中译者

③ 公元前 249 年。他的名字是普布利乌斯·克劳狄［·普尔克尔］，而非阿庇乌斯·克劳狄。

当年另一执政官为鲁基乌斯·尤尼乌斯·普鲁斯。——中译者

④ 公元前 245 年。当年另一执政官为盖乌斯·阿提利乌斯·布尔布斯。——中译者

族的荣誉，因为是一场风暴①截取了他们的胜利，是一场海难摧毁了他们的凯旋式。罗马人看到迦太基人的战利品漂流到各个海角与岛屿，觉得这也算是为自己举行了凯旋式。

在鲁塔提乌斯·卡图鲁斯（Lutatius Catulus）执政官年②，战争最终在被称为埃加塔伊（Aegatae）群岛的地方附近结束。这次海战规模空前。敌人的舰队满载给养、军队、塔楼和武器前来。确实，你可以说整个迦太基都在船上了，而正是这导致了它的毁灭。罗马舰队易于操作、轻便快捷、没有负担，而且在某种程度上类似一支陆军。它被自己的桨所引导，就如在骑兵战中战马被缰绳引导一样，船的冲撞角快速出击，一会儿撞击这条敌船，一会儿撞击那条敌船，表现得生龙活虎。于是在转瞬之间，敌人的舰船被撞成碎片，将西西里和萨丁尼亚之间的海域布满了它们的残骸。一句话，这一胜利如此巨大，以至于没有人提出摧毁敌人城墙的问题，好像既然已经在海上将迦太基摧毁，再迁怒于其卫城和城墙是多余的似的。

XIX. 利古里亚战争

3. 迦太基战争结束后，一段休息的时间来临。这段时间虽然短暂，却可以让罗马人民恢复喘息。自努马统治时期以来，雅努斯神庙大门第一次关闭，从而证明了和平的降临和战争的停止，但不久之后它又很快敞开。因为首先是利古里亚人（Ligurians），然后是因苏布里亚高卢人（Insubrian Gauls）还有伊利里亚人（Illyrians）这些生活在阿尔卑斯山脚亦即意大利的门户的民族，开始在某位天神的持续挑唆下不断地生事。这位天神生怕罗马人的武器会生锈和腐蚀。一句话，这两个民族一直跃跃欲试，而且是在我们的家门口造次，这为我们新征

---

① 而不是敌人。
② 公元前 242 年。
当年的两执政官为盖乌斯·鲁塔提乌斯·卡图鲁斯和奥鲁斯·波斯图密乌斯。英译者爱德华·西摩·弗斯特将"卡图鲁斯"作"卡图伊乌斯"。——中译者

募的士兵提供了实际作战的契机。罗马人民通过这两个民族磨砺了自己的勇敢，就如同在磨刀石上磨砺自己的刀剑一样。

利古里亚人原居住在瓦鲁斯河（Varus）和马格拉河（Magra）之间 *91* 靠近阿尔卑斯山脚的地区，周围环绕着浓密的森林植被，颇难征服，更难寻找。由于地理位置优越、逃跑技术娴熟，如果条件允许的话，这一性情粗鲁、行动迅捷的民族更愿意进行劫掠，而不愿从事战争。在他们的诸部落之后，萨鲁维人（Saluvii）、德基亚特斯人（Deciates）、奥克苏比人（Oxubii）、欧布里亚特斯人（Euburiates）和因加乌尼人（Ingauni）长期成功地逃避了被击败的命运。弗尔维乌斯（Fulvius）最后以一圈大火包围了他们的巢穴；拜比乌斯（Baebius）将他们赶到平原上；波斯图密乌斯如此彻底地解除了他们的武装，以至于几乎没有给他们留下耕地的铁器。

XX. 高卢战争

4. 同样居住在阿尔卑斯山附近的因苏布里高卢人拥有野兽的秉性和大于人类的形体，但经验表明，阿尔卑斯诸民族在潮湿的气候中长大，当然与他们当地的雪有某些共性，因为只要他们在打斗中体温升高，就立刻出汗，稍微用力就疲惫不堪，就如雪被太阳融化一样。他们的第一次冲击比男人还要勇猛，但接下来的冲击要比女人还要软弱。如同前几次那样，当布利托马鲁斯（Brittomarus）作为他们的领袖时，他们发誓不会解下腰带，直到登上卡庇托。事实也这样发生了，埃米利乌斯（Aemilius）击败了他们，在卡庇托山上解下了他们的腰带。不久后，当阿利奥维斯图斯（Ariovistus）作为他们的领袖时，他们立誓要用我军的战利品做一条项链献给他们的战神。朱庇特截获了他们许诺的供品，因为弗拉米尼乌斯（Flaminius）用他们的项链建立 *93* 了一座黄金纪功柱，献给朱庇特。在维利多马鲁斯（Viridomarus）统治时期，他们允诺向乌尔坎（Vulcan）奉献罗马人的盔甲，但他们的誓言以相反的形式实现了。因为他们的国王被杀死，马尔克鲁斯

(Marcellus)将至尊战利品悬挂在拒敌之神朱庇特的神庙中。这自祖先罗慕路斯以来是第二次。

XXI. 伊利里亚战争

5. 伊利里亚人或利布尔尼亚人(Liburnians),居住在阿尔卑斯山脚下阿尔西亚河(Arsia)与提蒂乌斯河(Titius)之间的地区,又广泛地散布在亚德里亚海海岸。在女王特乌塔娜(Teutana)的统治下,他们不满足于只是进行劫掠,而是在无法无天之外又犯下了罪行。我们的使团前往对他们的罪行表示抗议时,被他们杀死。他们当时没有用剑,而是像杀牲献祭一样用斧钺。他们还烧死了我们的舰队指挥官。下达这一命令的竟然是一个女人,这使他们的这一行径更具侮辱意味。于是,格奈乌斯·弗尔维乌斯·肯提马鲁斯(Gnaeus Fulvius Centimalus)率领一支军队将他们彻底征服。我们用斧钺挥砍向敌人首领们的脖颈,从而抚慰了我们使节的英灵。

XXII. 第二次布匿战争

6. 第一次布匿战争(Punic War)后,仅有四年的和平时期,后来,你看,第二次战争又爆发了。其所持续的时间确实不如上一次,只延续了不过18年的时间,但其所带来的灾难却要可怕得多,所以如果有人要将交战双方的损失进行比较的话,那个胜利的民族却更像是被击败了。一个心志高傲的民族被从海上赶出,自己的岛屿被侵占,原先向别人索取贡赋,现在却要向敌人纳贡,所有这一切令它感到恼怒。于是汉尼拔(Hannibal)在孩提时期,在祭坛前对自己的父亲发誓要复仇,而他也并未经过太长的时间便开始实现自己的誓言。萨贡图姆(Saguntum)于是被选择作为开战的借口,这是一座古老而富庶的西班牙城市,是一个对罗马保持忠诚的著名但又可悲的例子。依据一项多边停战协定,该城市获得不被攻击的特殊地位,但汉尼拔为了寻求借口引起新的骚乱而将它摧毁。他行此事部分是通过自己的手，部分是通过该城的市民。他这么做的目的是通过破坏停战协定，为自己开辟通往意大利的道路。罗马人民严格履行停战协定，所以听说一座同盟城市被围攻后，他们想到迦太基人也是缔约国之一，便没有立刻诉诸武力，而是首先进行了合法形式的抗议。与此同时，萨贡图姆人经过 9 个月的饥馑，在机械和刀剑的攻击下垮掉了。他们的忠诚最后变成了暴怒，于是他们在市场中堆积起一个硕大的火葬堆，在上面用火和刀剑摧毁了他们自己、他们的家人以及所有财产。罗马人民要求将汉尼拔这一罪魁祸首交出。当迦太基人进行搪塞时，使团首领①解释说："还磨蹭什么呢？我这件袍子的凹兜中有战争与和平，你们选择哪一样？"对方齐声大喊"战争"，这时他回答道："那么就开战吧"，然后在元老院中将自己托加袍的前片抖开，将其展平。当时他的动作给敌人造成极大的震慑，无异于真的在凹兜中带来了战争。

战争的过程与其开端相似。仿佛萨贡图姆人集体自尽与焚城时所发出的最后诅咒要求这样的火葬仪式似的，他们的亡灵因下面的情况而得到慰藉：意大利被践踏，阿非利加被征服，那些参战的首领与君主被消灭。于是，当布匿战争那可怕而可悲的压力和风暴从西班牙发端，并在萨贡图姆燃起熊熊烈火时，长久以来就注定要降落到罗马人头上的霹雳，立刻在某些无法抗拒的强大力量的驱使下横扫阿尔卑斯山中部，并从山峰绝顶的积雪上方扑向罗马，就像上天降下的一支矛矢。

随着帕都斯河（Padus）和提基努斯河（Ticinus）之间一声咆哮，首战打响。在西庇阿率领下的罗马军队被击溃，将军本人险些受伤，落入敌手，幸亏他的儿子解救了他，使他远离死亡的魔爪。当时他的儿子年纪尚幼，但注定长大后要成为征服阿非利加者，还会从这场厄运中赢得一个尊号。

---

① 昆图斯·法比乌斯·马克西穆斯。——中译者

提基努斯河战役之后又发生了特列比亚河(Trebia)战役。在塞姆普罗尼乌斯执政官年①，就是在那时，布匿战争的第二次风暴发泄了它的暴怒。这一次，狡猾的敌人发现天气寒冷、天降大雪，便烤火取暖，并将身上涂了油，然后在我们的冬天的帮助下击败了我们(这件事说起来就让人恐怖)，即使他们来自阳光明媚、气候温暖的南方。

99

汉尼拔的第三道霹雳炸响在特拉西美诺湖(Lake Trasimene)，在那里统率罗马军队的是弗拉米尼努斯(Flaminius)。这个迦太基人在那里狡猾地设计了一个新的计谋。他们的骑兵在湖泊迷雾和沼泽灌木的掩护下突然袭击我军的后方。我们也不能责怪诸神，因为大群的蜜蜂伏在我们的军帜上面，使之无法前行②。战斗刚开始就发生了一场地震，除非那是战马和人群的冲击以及武器的剧烈撞击所导致的大地震颤。这场地震向那位鲁莽的统帅警告了灾难的来临。

罗马帝国所受到的第四次也是最致命的伤害是在坎奈(Cannae)。③ 这原本是一座不知名的阿普里亚小村庄，却因作为一场巨大灾难的发生地而从默默无闻变得为人所知，又因6万人被屠杀而变得家喻户晓。在这里，将领、战场、天象和天气，实际上所有的因素共同给这支不幸的军队造成毁灭。老谋深算的汉尼拔不满足于让士兵假意逃跑，然后前来攻击我军后方的做法，他还注意到那开阔平原上的地势特点(那里阳光炽烈，灰尘弥漫，东风会定时肆虐，仿佛在遵循一个既定原则似的)，于是他将军队进行了巧妙的部署，当罗马人向他们全线压上时，他自己利用所有这些要素，在东风、尘土和太阳的协助下对敌作战。于是，两支庞大的罗马军队遭到了屠杀，直到敌人感到满足后，汉尼拔命令士兵停止挥剑。我们的一位将军逃跑，

101

---

① 公元前218年。
当年的两执政官为普布利乌斯·科尔涅利乌斯·西庇阿和提比略·塞姆普罗尼乌斯·隆古斯。——中译者
② 军帜插在地上，被颇费周章地拔出来(李维，XXII，3，12)。
③ 坎奈战役发生于公元前216年8月2日。——中译者

另一位阵亡。① 我们很难判定哪一位表现得更加勇敢：是耻于苟活的鲍鲁斯(Paulus)，还是不甘绝望的瓦罗。这场屠杀规模之大，有如下证据：奥非都斯河(Aufidus)长期流淌着鲜血；[敌方]将军下令用尸体在维尔格鲁斯河的急流上建起一座桥；两摩底(modii)②的戒指被送回迦太基，骑士等级在军中的数量被通过容器估计。此后[正如人们所说的，迦太基人波米尔卡(Bomilcar)之子马哈巴尔(Maharbal)所观察的那样]，如果汉尼拔像知道如何获得胜利那样，也知道如何利用胜利的话，无疑罗马本该看到自己的末日，他本人本该在 5 天后在卡庇托举行节庆。然而这一次，正如人们通常所说的，或者是罗马将来要做世界主宰的天意，或者是汉尼拔的错误判断，以及诸神对迦太基人的敌意，令汉尼拔转向别处。他本可以扩大自己的战果，却选择享受它所带来的快乐，从而放过罗马，往坎帕尼亚和塔伦图姆进军。在那里，他与士兵的活力都衰退到如此的程度，以致人们作出这样贴切的评价："卡普亚是汉尼拔的坎奈。"他即便没有被阿尔卑斯山征服，没有在战场上被击败，却被坎帕尼亚的阳光和拜亚港的温泉制服。这虽难以置信，事实却发生了。

与此同时，罗马人从死亡中获得了喘息与振作的机会。他们没有 103 武器，便将安放在神庙中的武器取下；他们没有人手，便将奴隶释放并令其发誓服役；财库空虚了，元老们便主动将个人财产上交国家，除了布拉项圈(bullae)③以及他们每人戴着的戒指之外，没有留下任

---

① 英译者爱德华·西摩·弗斯特作 captured(被俘)，似与原文(*alter occisus est*)及史实不符。关于执政官鲁基乌斯·埃米利乌斯·鲍鲁斯在此役的结局，波利比乌斯说道，他在战斗最为激烈的时候，因负伤过多而阵亡。见波利比乌斯，《通史》，III，116。李维说道，他在战斗刚打响的时候受到敌人投石的打击而身负重伤，但他仍然顽强地对抗汉尼拔。后来军政官格奈乌斯·伦图鲁斯发现他浑身是血地坐在一块岩石上，并与之交谈了几句。其中鲍鲁斯向伦图鲁斯表明，自己决定在阵亡的士兵中间喘完最后一口气。最后，敌人冲了上来，他们不知鲍鲁斯的身份，便用一阵矛矢将其击毙。见李维，XXII，49。阿庇安也提到了鲍鲁斯的阵亡。见阿庇安，《汉尼拔战争》，IV，24，25。——中译者

② 摩底，被英译者爱德华·西摩·弗斯特作 *peck*。——中译者

③ 布拉项圈，出身自由人的罗马儿童戴在脖子上的黄金饰物。

何一点黄金。元老院的示范被骑士们效仿，后者反过来又被各部落效仿。结果，在莱维努斯和马尔克鲁斯执政官年①，私人财产注入了公共财库，登记册和书记员的双手根本不足以记录它们。而且，当年轻一点的人向前辈征求执政官选举的建议时，百人队在选举行政官员时表现出怎样的明智啊！因为对付这样一个战无不胜又诡计多端的敌人，要求他们不仅要凭勇敢作战，而且要凭谋略作战。

帝国开始复兴时，或者说开始复苏时，它的第一个希望来自法比乌斯，后者形成了一种击败汉尼拔的新方法——不与之作战。于是，法比乌斯获得了一个新的称号康克推多（Cunctator，拖延者），这一称号昭示了他拯救国家的方式。也正由此，人民也称他为"帝国之盾"，对他进行颂扬。法比乌斯穿过整个萨姆尼乌姆、法勒尔努斯和高鲁斯森林，将汉尼拔拖垮。汉尼拔不会被勇敢击败，却被拖延消耗。后来，在克劳狄·马尔克鲁斯领导下，罗马人最终冒险与汉尼拔在战场上交锋。他们与他近身博杀，在他所钟爱的坎帕尼亚予他以重创，迫使他放弃了对诺拉的围攻。他们还在塞姆普罗尼乌斯·格拉古（Gracchus）的率领下冒险穿越鲁卡尼亚追击汉尼拔，在他撤退时紧紧逼迫其后卫部队，即使这一次他们是以由奴隶组成的军队对敌作战——这是一个令人悲哀的耻辱，因为许多不幸使他们不得不采取这样的权宜之计。然而，这些人以自由人的身份出现，通过勇敢的表现使自己成为罗马人，而不再是奴隶。罗马人在这么多的灾祸中所保有的信心是多么令人惊奇啊！他们的勇气和精神是多么的非同寻常啊！即使他们的幸运受到了如此的削弱与削减，以致本该忧虑自己的领土意大利，但他们还是冒险将眼光转到其他不同的地方。当扼住他们咽喉的敌人在坎帕尼亚和阿普里亚来回肆虐，在意大利的心脏地区造就另一个阿非利加时，他们不仅顶住了敌人，而且同时将军队散布于地球表面，派他们

---

① 公元前 210 年。
当年两执政官为马尔库斯·克劳狄·马尔克和马尔库斯·瓦勒利乌斯·莱维努斯。——中译者

前往西西里、萨丁尼亚和西班牙。

西西里被分配给马尔克鲁斯，它没有抵抗他太久，因为整个岛屿由于区区一座城市的战败而被征服。叙拉古这座坚固的首都，到目前为止从未被攻陷，这时即使由阿基米德的天才进行防御，最终还是屈服了。它的三重城墙、三座卫城、它那大理石的港口和著名的阿勒图萨泉水统统没有使它幸免于难。叙拉古人所获得的唯一的好处是将这座被征服的美丽城市保留了下来。

萨丁尼亚被格拉古攻陷，当地居民的粗野，以及疯狂山脉——因 *107*为这是它们的名字——的高大对它没有任何帮助。它的所有城市，包括首都卡拉里斯都受到了严惩，以至于这样一个顽固而轻生的民族在丧失所耕作的土地之后，无论如何会被驯化。

格奈乌斯·西庇阿和普布利乌斯·西庇阿被派往西班牙，而且实际上已经将这整个国家从迦太基人那里夺来，但由于受诡计多端的迦太基人的突袭，他们又将它失去，即使他们在那些重要的战斗中击败敌军。然而，他们最终被迦太基人的计谋击败，其中一个在勘测扎营时受到敌人的攻击而阵亡，另一个在费力逃到一座塔楼上后被敌人用烈火焚烧。命运注定，第三个西庇阿将要在阿非利加赢得一个伟大的名号。此人被派率军队为其父亲和伯父复仇，收复从比利牛斯山（Pyrenees）到赫丘利石柱的整个西班牙（这一功绩简直令人难以置信）。这片战士的国土，以英雄辈出、功勋显赫而闻名，是敌人军队的"温床"，曾经教会年幼的汉尼拔战争艺术。就西庇阿而言，很难说速度和好运哪一个更显著。他的速度被那为期四年的行动所证明。他征服的轻松被一个城市的例子所证明。这座城市在围攻开始的那一天即被拿下，西班牙的迦太基如此轻易地被征服，这是[他]在阿非利加即将取得胜利的征兆。然而，这位将军的高尚品德对他征服这一行省贡献极大，因为他将所俘获的蛮族一些特别漂亮的少男少女归还了回 *109*去，甚至没有让人将他们带到面前，唯恐哪怕只是看一眼就会玷污他们的童贞。

　　即使在世界其他地方取得了如此的成就，罗马人仍没能够驱逐汉尼拔。后者还在控制着意大利的生命线。许多地方投敌叛变，于是敌方那位永远不知疲倦的领袖又用意大利人协助对抗罗马人。然而，我们到这时已经将汉尼拔赶出了许多市镇和地区。塔伦图姆已经回到了我们一方。汉尼拔的司令部、他的老巢和他的第二祖国卡普亚也回到我们手中（卡普亚的沦陷使这位迦太基领袖如此伤心，竟然立刻指挥全部兵力来进攻罗马）。罗马人民配得上这个世界帝国，配得上诸神、凡人所有的帮助与钦佩，所有这一切他们绝对当之无愧！即使山穷水尽、恐惧至极，他们还是不放弃自己的目标，即使自己的城市危难在即，他们还是不撒手卡普亚。相反，他们将一部分军队留在那里受执政官阿庇乌斯的指挥，令弗拉库斯率领其他人到达首都。因此，他们同时既在国内作战，又远离本土在异地作战。那么，后来当汉尼拔从第三座里程碑处拔营前进时，我要说（我们不应该耻于承认诸神的帮助），诸神再次阻挠了他前进的步伐[①]；对此，我们何必惊讶呢？因为他每一次行军时，都会下瓢泼大雨，刮肆虐狂风，使得他看来是被诸神从罗马城墙和卡庇托驱逐出来，而不是被从天堂驱逐出来。[②] 汉尼拔逃跑了，离去了，他撤到了意大利最边远的角落，放弃了这座几乎为他顶礼膜拜的城市。在罗马被围困的这些日子里，汉尼拔所驻扎的土地在被拍卖时，竟然有买主。这是一件小事，却是罗马人民坚强刚毅的有力证据。汉尼拔也希望在自己一方树立这种信心，便出卖罗马城中的银行从业权，但没有一个人出价购买。这一事实显示出未来已经在他们的内心投下阴影。

　　所有这些勇敢行为，乃至诸神的有力支持都没有产生任何结果。因为汉尼拔的兄弟哈士多路巴（Hasdrubal）正在率领一支新的军队从西班牙赶来，这是他从事战争的新力量与新资源。如果他与自己的兄

_111_

---

① 即，就像在坎奈之役后。
② 就像传说中的巨人。

弟会合的话，罗马的命运显然要被封杀了。然而，当哈士多路巴从阿尔卑斯山下行，准备在靠近美陶鲁斯(Metaurus)的地方驻扎时，被克劳狄·尼禄(Nero)和李维·萨利那托尔(Livius Salinator)击败。尼禄曾将汉尼拔赶到意大利最边远的角落，而李维则曾挺进到国家另一个尽头，意大利边境的入口处。两执政官之间地域辽阔，分处意大利的两端，因此他们在汉尼拔毫不知情的情况下会师，然后以合并之后的兵力突袭敌人。对于他们行动的技巧与速度，我们无法作出公允评判。无论如何，汉尼拔见到自己兄弟的头颅被丢进他的军营，知道了发生了什么事，便说道："我意识到了迦太基的厄运。"这是他的第一次自我忏悔，表明他已预料到将来的失败。 *113*

现在，即使通过汉尼拔的自我忏悔，人们也确信他是可以被击败的。罗马人民因如此多的胜利而信心倍增，开始考虑在阿非利加本土击败他们最不共戴天的敌人。在西庇阿的率领下，他们倾全部兵力入侵阿非利加，并开始效法汉尼拔，为自己意大利领土所遭受的灾难进行报复。诸神啊，哈士多路巴怎样的军队，努曼底亚国王叙法克斯怎样的骑兵没有被西庇阿打得落荒而逃?! 后者在一夜间通过投掷火把摧毁了这两位首领怎样强固的军营啊?! 最后，距离迦太基城门不到 3 英里处，他通过近距离的围攻将城门撼动。汉尼拔此时仍然在意大利横行，但西庇阿的行动成功地使之放弃了对意大利的控制。后来，两位将才空前绝后的将军集结军队，准备殊死一战：他们中一位曾是意大利的征服者，另一位曾是西班牙的征服者，在整个罗马帝国历史上，没有比这更引人注目的瞬间了。首先，他们会面商谈和约条款，在此期间他们一言不发、相互钦佩地站立了一会。然而，和约没有达成，于是战斗的号角吹响。双方一致认可，没有别的军队能够部署得更好，没有别的战斗打得更加顽强。西庇阿使汉尼拔的军队明白了这一点，反之亦然。但最终汉尼拔不得不屈服，阿非利加成为胜利的奖品，而整个世界也都延续了阿非利加的命运。 *115*

XXIII. 第一次马其顿战争

7. 迦太基被征服后，没有任何民族再以被［罗马人民］征服为耻。马其顿人、希腊人、叙利亚(Syria)人和所有其他的国家立刻步阿非利加之后尘，仿佛是被命运的洪流裹挟似的。所有这些民族中最先被征服的是马其顿人，这是一个曾志在谋求帝国的民族。所以即使当时是国王腓力在位，罗马人民还是觉得是在对国王亚历山大作战。马其顿战争的重要意义更多源自其自身的名称，而与敌国本身无关。战争最初的原因是汉尼拔控制意大利时，腓力与之缔约结盟。后来罗马人又有了一个发动战争的借口，因为这位国王逾越了战胜者的权力，对雅典人的神庙、祭坛甚至坟茔发泄怒火，于是雅典人因自己所遭受的损害而前来寻求帮助。元老院决定对这么重要的求援者提供帮助。在这时，世界上的国王、领袖、民族和国家都开始向罗马这座城市寻求保护。在莱维努斯执政官年①，罗马人第一次进入爱奥尼亚海(Ionian Sea)，并指使舰队如凯旋队列一般沿希腊所有的海岸浩浩荡荡驶过。他们在舰船前方安放了战胜西西里、萨丁尼亚、西班牙和阿非利加的纪功柱，又在旗舰船头种植了一株象征胜利的月桂树。帕加马(Pergamon)国王阿塔罗斯(Attalus)主动在那里帮助我们。罗德斯人(Rhodians)也是如此，这个海上民族曾以自己的船舰将恐怖散布到海上的各个角落，正如我们的执政官以其骑兵和步兵在陆地上所做的那样。国王腓力两次落败，两次逃窜，两次被掠夺了军营。没有什么东西能够比他们的伤口给马其顿人造成更大的恐惧，这些伤口不是由枪尖、弓箭或任何希腊武器而是由巨大的投枪和刀剑造成的，而且这些伤口极为宽大，超过将人致死所需要的程度。确实在弗拉米尼努斯②的率领下，我们深入了至今无人能够穿越的卡奥涅斯山脉(mountains

117

---

① 公元前 210 年。

② 提图斯·昆克提乌斯·弗拉米尼努斯，公元前 198 年的执政官。——中译者

of the Chaonians），以及马其顿的门户——沿深谷流淌的阿奥斯河（Aous）。进入该国就意味着取得胜利，因为国王从未敢于在战场上与我们相遇，却在被他们称为居诺斯克法莱（Cynoscephalae）①的小山附近的一次遭遇战中被击败②。此战几乎不能被称为一场正规的战斗。后来执政官与腓力签订和约，并将王国归还给他。再后来，因为已经找不到什么敌人，他便征服了底比斯（Thebes）、尤卑亚（Euboea）和拉克戴梦（Lacedaemon）。当时后者在僭主（tyrant）那比斯（Nabis）领导下试图反抗。弗拉米尼努斯又恢复了希腊人的古代政体，使他们可以生活在自己古老的法律之下，享受祖先那样的自由。当这一决定恰好在涅墨亚（Nemea）剧场 5 年一届的赛会上被公布后，当地的人们是多么的欢欣雀跃啊！他们在怎样地争相拍手称快啊！他们撒向执政官的是怎样的鲜花啊！他们一次又一次地让传令官重复亚该亚人被宣布自由的声明。他们听到执政官的决定后如此高兴，就如同欣赏完最优美的管弦乐协奏曲一般。

XXIV. 对国王安条克的叙利亚战争

8. 后来亚细亚立刻取代了马其顿的位置，安条克（Antiochus）取代了国王腓力的位置。这只是一次巧合，给人的感觉却好像是命运有意如此安排：正如该帝国曾经从欧罗巴推进到阿非利加一样，现在因为各种自然而然的理由，它要从欧罗巴扩展到亚细亚，而且这一系列的胜利应该遵循一种地理顺序。以前从没有哪次战争的报道比这次更加可怕，因为罗马人使亚细亚人回忆起波斯人和东方，回忆起薛西斯（Xerxes）和大流士（Darius），回忆起那段峥嵘岁月：据说当时那些不可逾越的高山被凿穿，海面被舰船遮蔽。另外，来自上天的威胁警告了他们，因为丘米的阿波罗神像汗流不止，即使那实际上是由于那位

---

① "狗头山"。——中译者

② 公元前 197 年。——中译者

天神太爱亚细亚因而产生了恐惧。确实没有哪里的土地比叙利亚更富有人力、资源和武器，但它落到了一位如此孱弱的国王安条克手中，以致关于他最著名的事实是他被罗马人征服。怂恿国王从事战争的有两个人，一个是埃托利亚（Aetolia）君主托亚斯（Thoas），他抱怨自己虽然曾率军帮助罗马人对付马其顿却未获得任何应得的好处；另一个是汉尼拔，他在阿非利加被击败，现在是一个流亡者，他不安于和平，所以走遍整个世界寻求能够与罗马人民为敌和对其开战的人。确实，如果国王安条克能够采纳他的意见，如果不幸的汉尼拔能够将所有亚细亚的资源纳入自己的指挥下的话，那将会造成多大的灾难啊！然而，国王相信自己的实力与国王的头衔，他认为能够将战争打响已经足够了。根据征服者的权力，欧罗巴无疑属于罗马，而安条克根据世袭的权力索要欧罗巴城市吕西马基亚（Lysimachia），认为这是由他的祖先在色雷斯（Thrace）海岸建立的。这一举动就像某颗星辰的升起①，激起了亚细亚的战争风暴。这位最伟大的国王却只满足于勇敢地宣战。他大声呼啸叫嚷着冲出亚细亚，立刻占领了希腊的诸岛屿和海岸，然后将他的时间用于闲适奢华的生活，仿佛自己已经大获全胜一般。紧邻大陆的尤卑亚岛被尤里波斯（Euripus）海峡与大陆分开。海峡的水不断地退潮、涨潮，在涨潮时发出管弦乐般轻柔的声音。就在此地，就在海峡的浪声中，国王搭起了金线与丝线织就的帐篷。即使当时是冬天，他还是从各地采摘来玫瑰花，从而使自己无论如何某种程度上看上去像一位将军一样，统率着少男少女组成的军队。这位国王早已被自己的奢侈打败。当他正在这座岛屿上时，罗马人民在执政官阿基利乌斯·格拉布利奥（Acilius Glabrio）②的率领下进军而来，仅仅是通过大军压境的消息就令国王落荒而逃。于是他们追击那仓皇逃窜的国王，在德摩比利迫使他承认自己在陆地和海上皆战败。此地

---

① 西塞罗用了类似的表述（《为穆列那辩护》，17）。

② 公元前 191 年。当年另一位执政官为普布利乌斯·科尔涅利乌斯·西庇阿·那西卡。——中译者

因 300 斯巴达人（Spartans）的光荣就义而名垂史册（但即便这样一个地方也无法激发国王的斗志，使他站稳脚跟）。后来，他们毫不拖延地向叙利亚进发。国王的舰队交由波吕克塞尼达斯和汉尼拔统御，因为国王甚至没有胆量观看一场战斗。然而，这支舰队被罗马人在埃米利乌斯·勒基鲁斯（Regillus）的指挥下，在罗德斯舰队的协助下完全摧毁。不要再让雅典人自高自大了：我们击败了安条克，就如同击败了薛西斯一样，我们的埃米利乌斯能够与亚西比德相提并论，我们在以弗所的壮举可以与当初的萨拉米斯（Salamis）之役相媲美。后来在执政官西庇阿的率领下，我们决定彻底击败国王安条克。此西庇阿的兄弟是那个最近征服迦太基的人——伟大的阿非利加努斯（Africanus），他主动作为副手在西庇阿手下服役。国王彻底放弃了海洋，但我们在海洋之外进行战争，将军营驻扎在麦安德尔河（Maeander）与西皮罗斯山（Sipylus）附近。在那里，国王率领数量令人难以置信的辅助军和其他军队，占据了一处阵地。他拥有 30 万步兵和同样数量的骑兵，以及装配镰刀的战车。他还以战象保护两翼。这些战象体形巨大，闪耀着金色、紫色、银色以及象牙的光辉。然而，整个这支大军被自身的庞大和一场突如其来的大雨所牵累。由于罗马人一丝绝佳的好运，这场雨将波斯弓箭的效力摧毁。敌军最初发生混乱，后来一溃千里，最后我军彻底胜利。安条克被击败后前来进行乞求，于是罗马人决定与他缔结和约，并归还部分王国。国王对罗马人的条件求之不得，因为他非常容易就答应了。

XXV. 埃托利亚战争

9. 继叙利亚战争后，埃托利亚战争爆发。此战注定要爆发，因为罗马人在击败安条克之后，追捕那些在亚细亚燃起战火的人。复仇的任务被托付给了弗尔维乌斯·诺比利奥尔（Fulvius Nobilior）。[①] 他立

---

① 马尔库斯·弗尔维乌斯·诺比利奥尔，公元前 189 年的执政官。——中译者

刻携战斗器械进攻该国的首都以及皮洛士的王宫所在地阿姆布拉基亚（Ambracia）。该城很快投降。雅典人和罗德斯人支持埃托利亚人的恳求，而且我们记得他们从前对我们的服务，便决定饶恕了他们。然而，敌对状态却在邻近民族中更加广泛地扩散开来，整个克法勒尼亚（Cephallenia）、扎金托斯（Zacynthus）以及所有在克劳尼亚山脉（Ceraunian mountains）和马勒亚海角（Cape Malea）之间海域上的岛屿都卷入了埃托利亚战争。

XXVI. 伊斯特里亚战争

10. 继埃托利亚人之后，罗马人又去对付伊斯特里亚人（Istrians），因为他们最近在战斗中帮助过埃托利亚人。战争一开始是敌人占了上风，而正是这一胜利成为他们灭亡的原因。他们占领了格奈乌斯·曼利乌斯的军营，并为他们那丰富的战利品而洋洋得意，然后遭到阿庇乌斯·普尔克尔（Pulcher）的突然进攻。当时他们大多在饮宴作乐、烂醉如泥，所以毫无意识，不知道身在何处。这样，他们流出鲜血、停止呼吸时，也吐出了以不正当手段获得的战利品。他们的国王（Aepulo）埃普罗被放在马背上，但他酒醉眩晕，因此经常掉下来。费尽周折，直到清醒之时他才明白自己已经成为阶下囚。

XXVII. 高卢-希腊战争

11. 叙利亚战争的灾难性结局也降临到高卢-希腊。它的居民可能曾参加国王安条克的辅助军，也可能是曼利乌斯·乌尔索（Vulso）因渴求凯旋式而故意编造这样的故事，对此我无法定夺。无论如何，他即使取得胜利，却被拒绝举行凯旋式，因为罗马人不支持他发动战争的借口。高卢-希腊族人，正如他们的名字所显示的那样，起源复杂而混乱。他们是在布伦诺斯（Brennus）率领下将希腊废弃的高卢人的残部，后来，他们往东前进，在亚细亚中部定居。所以，正如谷物的种子在不同的土壤中会退化一样，他们与生俱来的野性被亚细亚温和的气候软化。于是，他们在两次战斗中被击溃并逃窜，即使他们在敌人到来时便离开家宅，撤到了最高的山上。托罗斯托波基人（Tolostobogi）占据了奥林波斯山（Olympus），特克托萨基人（Tectosagi）占据了马加巴山（Magaba）。他们后来被投石器和弓箭赶下这些地方，在被允诺永久和平后投降了。他们中的一些人却在被绑后，试图用牙咬断绳索，或互相让对方勒死自己，这让罗马人大为惊讶。他们的国王奥尔基亚孔（Orgiacon）的妻子被一个百人队长（centurion）施暴后，作出了令人难忘的壮举：她将强暴自己的敌人头颅砍下，又逃脱了看守，亲自将头颅带到自己丈夫面前。 *129*

XXVIII. 第二次马其顿战争

12. 当一个接一个的民族都被卷入了叙利亚战争的灾难中时，马其顿再次燃起斗志。对先前伟绩的记忆与追思刺激这一勇敢的民族采取了行动。腓力也被他的儿子佩尔塞斯（Perses）继承，后者认为马其顿一朝战败即永久战败是与这个民族的威名不相符的。于是在他的领导下，马其顿人掀起了比他父亲在位时更为激烈的反抗。他们赢得了色雷斯人的支持，从而用色雷斯的勇敢补充了马其顿的勤勉，用马其顿的纪律抑制了色雷斯的凶蛮。而一个更为有利的条件是他们首领的技术，因为他从哈伊穆斯山（Haemus）顶部勘测了自己领土的地形，在一处陡峭险峻的地点驻扎，从而将自己的王国用兵力和武器防护起来，看来没有给敌人留下任何袭入的方法，除非从天而降。然而罗马人民在执政官马尔基乌斯·腓力普斯（Philippus）①的率领下进入该行省，并通过阿斯库里斯湖（Ascuris）和佩尔哈伊比山脉（Perrhaebian Mountains）勘察了通道，在甚至连飞鸟都难以到达的高处开辟出一个 *131* 突破口。国王自认为高枕无忧，丝毫不担心有敌来犯，却遭到他们的

---

① 公元前 186 年。

突然袭击。他如此震惊，竟然命人将所有的钱投入大海，以防丢失①，将他的舰队焚烧，以防被人纵火。罗马人民在执政官鲍鲁斯②率领下，在更大规模、更频繁地设置驻防军后，这位总是善于声东击西的将军，以他卓越的将才和坚定的意志，指挥罗马人民用其他方法突袭马其顿。仅仅是他大军压境的消息就使国王如此惊惶，竟然将战争的指挥任务交给了手下的将领们。于是，他的军队在他不在的时候被击败。他逃到海上，逃到萨摩色雷斯岛（Samothrace），将命运完全托付给此地那众所周知的神圣性，仿佛即使连山脉和武器都无法对一个人进行保护，神庙和祭坛却能够做到这一点。他沉溺于对所失去的伟大地位的记忆之中，而且顽固程度超过任何一位国王。他在自己躲避的神庙中以乞求者的身份向罗马人写信，并在为信件署名的时候，附加上了国王的头衔。另一方面，没有一个人比鲍鲁斯能对所俘获的君主表现出更大的尊重。当这个敌人来到面前的时候，他将其接到自己的席位上来，并让其与自己在同一张餐桌旁用餐，他还警告自己的孩子们尊敬力量强大的命运女神。纪念战胜马其顿的凯旋式是罗马人所举行和见证过的最精彩的凯旋式之一。这一盛况共占用了三天时间。第一天，凯旋队列中展示了雕像和图画；第二天展示了武器和财宝；第三天展示了俘虏，其中包括国王本人——当时他仿佛还在因那突如其来的灾难而木然呆滞。然而在将军的先遣部队宣布胜利之前，罗马人民就已经得到了这一振奋人心的消息。罗马人在佩尔塞斯战败的那一天，见到两个年轻人在尤图尔那湖（Juturna）清洗尘土和血污，从而得知了此事。这两个人带来了这一消息，他们是双胞胎兄弟，因而被广泛地认为是喀斯托尔和波吕克斯；他们身上滴着血，因而被认为参加过战斗；他们上气不接下气，因而被认为来自马其顿。

133

---

① 关于这种悖论，比读马尔提亚利斯（Martial），II. 80：*Hostem cum fugeret，se Fannius ipse peremit. Hic，rogo，non furor est，ne moriare，mori？*

② 公元前 182 年。

当年另一执政官为斯普利乌斯·波斯图密乌斯·阿尔比努斯。——中译者

XXIX. 第二次伊利里亚战争

13. 马其顿战争的影响波及到了伊利里亚人，因为他们在国王佩尔塞斯手下充当雇佣兵以牵制罗马的后方。他们被大法官阿尼基乌斯（Anicius）毫不拖延地击败了。首都斯科德拉（Scodra）被摧毁后，他们立刻投降。确实，开战的消息还没有传到罗马，战争即已结束。

XXX. 第三次马其顿战争

14. 命运仿佛将迦太基人和马其顿人联为一体，让他们都要面临第三次被征服，于是两个民族同时起兵作乱。马其顿人既已变得比以前强大得多，便首先摆脱枷锁，因为他们受到了轻侮。战争的原因几乎能够使人因羞愧而脸红。出身最为低微的安德利斯科斯（Andriscus）篡夺了王位并同时发动了战争。他到底是个自由人还是奴隶，情况并不清楚，但他肯定曾当过雇工。然而，因为[相貌]酷似佩尔塞斯之子腓力，他也被普遍称为腓力。他扮国王气度，取国王名字，还具备了国王的气魄。于是，罗马人民蔑视所有这些伪装，认为大法官尤文提乌斯（Juventius）足以应敌，便鲁莽地进攻他。当时他[安德利斯科斯]不仅有马其顿人的强大支持，而且拥有数量庞大的色雷斯辅助军，于是，罗马人民虽然没有被真正的国王击败过，却被这位冒充的、如跳梁小丑般的君主击败了。然而，执政官①梅特鲁斯为这位大法官及其军团的损失进行了充分的报复。他不仅通过奴役而惩罚了马其顿人，而且将这个战争的煽动者用锁链带回罗马城。后者本来在一位色雷斯君主那里寻求庇护，却被庇护者交给了罗马人。然而，即便在他不幸之时，命运女神还是对他微笑，因为罗马人民举行了战胜他的凯旋式，仿佛他是一位真正的国王似的。

① 公元前 168 年。当年两执政官为鲁基乌斯·埃米利乌斯·鲍鲁斯·马其顿尼库斯和盖乌斯·李锡尼乌斯·克拉苏。——中译者

XXXI. 第三次布匿战争

15. 与前两次布匿战争相比，第三次在持续时间方面短了许多（因为它历经 4 年即告终结），在困难程度方面少了许多（因为我们此战与其说是在战场上对敌军作战，不如说是对城市本身作战）。然而，如果考虑到战争结果，它则绝对是最重要的战争，因为最终迦太基被彻底消灭。如果有人思考这三个阶段的标志性意义，那么第一阶段是战争的开端，第二阶段是决定性的转折，第三阶段是最终的结局。这次战争的原因①是迦太基人违背和约的一项条款，组建了一支舰队和部队——即使这主要是用来对付努米底亚人（Numidians）。实际上，马西尼萨（Massinissa）经常在他们的边境引起事端，但罗马人将这位国王作为好朋友和同盟者加以支持。罗马人决定战争后，商讨战争结束后会出现什么情况。加图（Cato）怀着不可平息的恨意，无论在讨论什么议题时，都不忘宣布迦太基必须被消灭。西庇阿·那西卡则认为迦太基应该被保护，以防万一失去对一个敌对城市的恐惧，罗马的繁荣会受到不良的影响。元老院采纳了中间意见，认为该城市应该被移到另一个地点，因为他们不能想象比下述情况更加对自己有利的了：让迦太基存在，但已经不为他们所恐惧。于是，在马尼利乌斯和肯索利努斯（Censorinus）执政官年②，罗马人进攻迦太基，就在敌人城市的眼皮底下焚烧了其主动交出的舰船。他们主动交出舰船是因为缔结和约的希望越来越大。后来罗马人召集了敌方的公民领袖，命令他们如

果想活命的话就离开迦太基领土。③ 这一要求过于严苛，于是他们满腔的怒火被点燃，宁可拼死一搏。他们立刻放弃了对民族事业的所有

---

① 拉丁文为 *causa*（原因），被英译者爱德华·西摩·弗斯特作 *pretext*（借口、托词）。——中译者

② 公元前 149 年。

③ 罗马人让迦太基人在距离海岸 15 千米以外的地方重新选择定居点。——中译者

理想①，异口同声地喊道："武装起来！"他们使用了所有能够使用的方法进行抵抗——这不是因为他们还心存什么希望，而是宁可让敌人把城市摧毁，也不愿意亲自动手。他们顽强抵抗的精神从这样的事实中得以体现：他们将房顶拆除，用来组建新的舰队；在军工厂，金银都被取代铜铁而加以熔化；妇女们献出头发作为作战器械的弦。在执政官曼基努斯（Mancinus）②的指挥下，罗马人从海陆两方面对城市进行猛烈围攻。港口被封锁。第一道城墙、第二道城墙、最后是第三道城墙被拆除。但被他们称为比尔萨（Byrsa）③的卫城像第二座城市一样顽强抵抗着。即使迦太基被如愿以偿地摧毁了，但命运好像要求一个西庇阿家族的人对阿非利加战事作出了结。于是，国家任用了另一位西庇阿，要求他将战争结束。此人是鲍鲁斯·马其顿尼库斯（Macedonicus）之子，他因家族的荣耀而被伟大的阿非利加努斯的儿子④收养，因为这个孙辈注定要将这座被其祖父所撼动过的城市彻底推翻。但正如将死的动物咬人更为致命一样，迦太基即使被摧毁了一半，却比它作为一整座城市时造成更大的麻烦。将敌人赶到仅存的要塞后，罗马人也从海上封锁了港口。迦太基人在城市的另一端开掘了另一座港口，他们的目的不是逃跑。就在这一处，根本没有人能想象他们能从此地突围，他们的一支舰队却突然出现并向前冲击。与此同时，有时在白天，有时在晚上，新出现一些作战工事或器械，或是新出现几批拼死抗争的人突然发动进攻，就像掩盖着火焰的灰烬中突然迸发出的烈火一样。敌方最终实在山穷水尽，这时 3.6 万人在哈士多路巴的带领下投降——即使这实在难以置信。一个妇女，即敌方指挥

141

—————————

① 比读李维，XXII. 53.4：*desperate et complorata republica*。

② 战事发生于公元前 148 年，当年两执政官为斯普利乌斯·波斯图密乌斯·阿尔比努斯·马格努斯和鲁基乌斯·卡尔普尔尼乌斯·庇索·恺索尼努斯，当时鲁基乌斯·荷斯提利乌斯·曼基努斯为后者的副将，他后来于公元前 145 年任执政官，但当时第三次布匿战争已经结束。——中译者

③ 意为"一张牛皮"。——中译者

④ 长子普布利乌斯·科尔涅利乌斯·西庇阿·阿非利加努斯。——中译者

官的妻子，她模仿建立迦太基的那位女王①的先例，怀中抱着两个孩子，从房顶跳入熊熊烈火，这样的举动何其勇敢！这座被摧毁的城市有多么强固，只提一个事实即可证明，那便是焚城大火所燃烧的时间：人们经过17天的持续努力、奋勇扑救方才将火熄灭。这场大火是敌人在自己的房宅和神庙中点燃的，因为他们考虑到城市无法从罗马人处得到赦免，故而要将能够用于凯旋式的物资全部焚毁。

XXXII. 亚该亚战争

16. 好像那个年代只能在诸城市的摧毁中度过一样，迦太基毁灭后，科林斯也迅速步其后尘。后者是亚该亚的首都，希腊的荣耀，坐落于爱奥尼亚海和爱琴海（Aegean sea）之间，为万众瞩目。该城市被一种与罗马人极不相配的行径征服，当时它尚未被罗马人明确列为敌人。战争的原因是克利托拉奥斯（Critolaus）②的行为，此人用被授予的自由反对罗马人，通过语言，也可能兼用人身侵犯侮辱罗马使团。复仇的任务被交给了梅特鲁斯，他这时正好在马其顿处理事务。亚该亚战争于是打响。首先，执政官梅特鲁斯③在广阔的埃里斯平原阿尔费奥斯河（Alpheus）沿岸击败了克利托拉奥斯的军队。这样，这次战争就因一次战斗而告终，而一次围攻就早已对城市本身形成威胁。然而，命运就是如此安排——虽然梅特鲁斯实际对敌作战，穆密乌斯却想要盗取胜利的果实。他在地峡的脖颈地带彻底击溃了另一位将军狄亚伊奥斯（Diaeus）的军队，并用鲜血将两座港口染红。该城市被居民抛弃，然后被［罗马人］劫掠，最后又在一声号角的命令下被摧毁。被虏走、焚毁和抛弃的雕像、服饰和图画的数量是多么的巨大啊！被劫

----

① 即狄多（Dido），亦称埃莉莎（Elissa）。——中译者
② 亚该亚同盟（Achaean League）的首领。
③ 公元前146年的执政官。
当年两执政官为格奈乌斯·科尔涅利乌斯·伦图鲁斯和鲁基乌斯·斯密乌斯·亚该亚库斯。——中译者

掠或焚烧的财富到底有多么巨大，我们只能通过这样的事实加以判断：在全世界享有盛誉的科林斯青铜器，据说是这场大火的一种幸存。对这座富裕城市的摧毁使科林斯青铜大为增值，因为大火将无数的雕像熔铸，将铜、金和银熔铸为一体。

XXXIII. 在西班牙的行动 145

17. 正如科林斯的命运尾随迦太基一样，努曼提亚的命运也步科林斯之后尘。此后，世界上没有一处地方为罗马兵锋所未及。这两座著名的城市被焚毁之后，一场战争爆发了。这场战争战地遥远，战场广阔，而且不是先后与不同民族之间的战争。如此看来，这两座城市犹如在风力的作用下，将战争的烈火散布到整个世界。

西班牙作为一个整体从未想要起兵反对我们，从未想过要联合起来对抗我们，也没有想要建立一个帝国或是一个维护自己自由的联盟。否则的话由于地理构造的原因，它是无法被攻克的，因为它在各个方向分别受到海洋和比利牛斯山的保护。然而，它对自身的可能性有清醒认识之前就被罗马人包围了，而且它也是唯一一个在被击败后才发觉自己实力的行省。在西班牙的战斗从第一位西庇阿到第一位恺撒·奥古斯都，持续了近 200 年的时间，然而也不是总是持续不断，没有停息的，而是受时局的影响。最初的军事行动不是针对西班牙人，而是针对在西班牙的迦太基人。后者散布了战火，是所有战争的原因。

普布利乌斯·西庇阿和格奈乌斯·西庇阿两兄弟将罗马第一杆军帜带上了比利牛斯山，他们在数次重要的战斗中击败了汉尼拔的兄弟汉诺(Hanno)和哈士多路巴。罗马这两位勇敢的将领在陆地与海上都 147所向无敌，在这样的胜利时刻，他们被迦太基人通过阴谋诡计包围并杀害。若非如此，西班牙可能早已被强力攻下。后来因阿非利加努斯的名号被人铭记的另一位西庇阿前来为他的父亲和伯父复仇，进入了一个崭新的、从未涉足的行省。他立刻占领了迦太基①和其他城市，因不满足于驱逐迦太基人，又将西班牙作为一个向罗马纳贡的行省，征服了伊伯鲁斯河两岸的所有居民。他也是第一位作为征服者到达加狄斯和大洋岸边的罗马将军。建立行省相对容易，但维持行省则比较困难。于是，诸位将军被派到西班牙具体处理土著居民的事务。他们在各地区之间辗转，在进行了血腥的激战之后，又通过辛苦的工作教会了当地那些粗野的民族如何顺服，因为到目前为止，他们还是自由的，不堪忍受奴役。著名的监察官加图在数次战斗中击败了西班牙人的精锐凯尔特伊伯里亚人(Celtiberians)的反抗。著名的格拉古兄弟的父亲[老]格拉古摧毁了同属这个民族的150座城市，对他们进行了惩罚。梅特鲁斯在马其顿赢得马其顿尼库斯称号，现在他又在攻陷孔特列比亚(Contrebia)时取得卓越的成就，并且因宽恕了涅尔托布里加(Nertobriga)而获得了更大的荣耀，因此，他同样应该被授予凯尔特伊伯里库斯(Celtibericus)的称号。鲁库鲁斯(Lucullus)征服了图尔杜里人(Turduli)和瓦凯伊人(Vaccaei)。在此过程中，小西庇阿在受后者国王的挑战而进行的一次决斗中赢得了至尊战利品。德基穆斯·布鲁图征服了一片更为辽阔的地区，其中包括极为士兵恐惧的凯尔特人和鲁西塔尼亚人(Lusitanians)以及所有加莱基亚(Callaecia)和奥布里维昂河(Oblivion)②的民族。他在他的胜利中沿大洋之岸行军，没有返回，直到看到夕阳入海，它的火焰熄灭在水中。这时他心中不能说没有产生某种渎神的恐惧和敬畏感。

149

然而，战争的核心困难还在于鲁西塔尼亚人和努曼提亚人(Numantines)，而这也并非没有原因的，因为西班牙各部落中只有他们拥有自己的领袖。凯尔特伊伯里亚人的领袖奥林狄库斯(Olyndicus)，如果获得命运垂青的话，便是一个极为狡猾而大胆的

---

① 新迦太基，今之卡塔赫纳(Cartagena)。

② 亦称里麦亚河(Limaea)。斯特拉波，III，第153页。

人。他率众起事，但在一开始即被解决，若非如此，这个民族也会是一个大麻烦。此人曾挥舞着一条他自称来自上天的银枪，表现得像一位先知，从而引起人们普遍的关注。但由于自身的鲁莽，他在夜幕的掩护下接近了执政官的营帐。一个在执政官营帐附近的哨兵投出的一支投枪，结束了他的事业。鲁西塔尼亚人在维利亚图斯的怂恿下起而暴动。这个极端狡猾的人，曾经从猎户变成强盗，又从强盗突然变成领袖与将军，而且如果命运女神垂青的话，他还可能成为西班牙的罗慕路斯。他不满足于只是保卫同胞的自由，14 年以来，他还用火和剑荒弃了伊伯鲁斯河（Iberus）和塔古斯河（Tagus）两岸的土地；他进攻诸位大法官和罗马驻防军的营地；他击败了克劳狄·乌尼马努斯（Unimanus），几乎全歼他的军队；他还从我们这里夺取官袍和法西斯棒束来装饰他们的纪功柱，将其树立在本地的山上。最后，法比乌斯·马克西穆斯也将他征服。然而，他的胜利被继任者波庇利乌斯（Popilius）的行径所玷污，因为此人急于结束战争，以奸计、阴谋和暗杀袭击敌人的领袖，虽然当时后者已经被击败并考虑最终投降。就这样，波庇利乌斯使对手看似无法被以其他方式击败从而受到赞誉。

XXXIV. 努曼提亚战争

18. 努曼提亚即使在财富上不如迦太基、卡普亚和科林斯，但在勇敢和声威方面却堪与它们媲美，而且如果公正判断的话，它是西班牙的最大荣耀。这座城市没有任何城墙和要塞，只坐落在一条河流岸边地势稍高的地方，由 4 000 凯尔特伊伯里亚人守卫，独自抵挡 4 万敌人达 11 年之久。他们不仅抵挡敌人，而且在一些情况下极为勇敢地击退了敌人，迫使他们签订难以置信的条约。最后，当他们发现这座城市难以被攻克时，便被迫将那位曾经征服迦太基的将军请来。

说实话，以前没有任何一次战争的借口比这一次更不公正。努曼提亚人曾经收留了从罗马人手中逃脱的同盟和亲属塞基达人（Segidians）。

他们为自己的行为所做的斡旋没有产生任何效果。当他们提出从各处
战场上撤退时，被命令放下武器以换取一纸正式条约的签订。蛮族认
153 为这一要求无异于斩掉他们的双手，所以立刻在勇敢的麦加拉维库斯
（Megaravicus）的率领下重新拿起了武器。他们进攻庞培，但当快要
彻底击败对手时，却选择与之缔结条约。他们又进攻了荷斯提利乌斯
·曼基努斯，并且也不断给他造成损失，从而令其受到重创。就这
样，甚至没有人敢于正视一个努曼提亚人的眼神或是听他的声音。他
们本可以将曼基努斯彻底毁灭，来发泄满腔的怒火，却选择与之缔结
一纸条约，只是满足于将他手下部队的武器剥夺。然而，罗马人民被
努曼提亚条约所带来的侮辱与羞耻所激怒，就如当初被考狄乌姆峡谷
条约激怒那样，于是他们将曼基努斯交给敌人①，从而清洗了当时这
一灾难所带来的耻辱。西庇阿曾因焚毁迦太基而受到摧毁城市的训
练。后来罗马人在他的率领下，最终燃烧了复仇的火焰。首先，他在
军营中进行了一次比在战场上更为艰苦的斗争，而且这次斗争更多的
是对自己的士兵，而不是对努曼提亚人。他要求他们进行持续的、过
度的，而且大部分是奴隶性的工作，最终使之精疲力竭。西庇阿认
为，只要他们不知道如何战斗，就被命令搬运超过平常数量的木桩②
［用以修筑壁垒③］。另外，因为他们拒绝沾染鲜血，就被命令沾染泥
土。除此之外，随军妓女、奴仆以及所有行李都被抛弃，只有那些十
分必要的才被留下。"有什么样的将军就有什么样的军队"这句谚语真
155 是至理名言。这支军队如此恢复军纪后，进行了一次战斗。从前没有
人期望能够看到努曼提亚人溃逃的景象，现在终于看到了。他们愿意
投降，如果条件能够使气节尚存的人忍受的话。西庇阿却渴望得到一

---

① 曼基努斯手中未持武器，被绑着放在努曼提亚城门前，但努曼提亚人拒绝将他俘
房［维莱乌斯·帕特尔库鲁斯（Velleius Paterculus），II, 1, 5］。

② 比读李维，《概要》，57（彼处对此情况有所提及）：*militem triginta dierum
frumenta ac septenos vallos ferre coegit*。

③ 依据约翰·塞尔比·沃特森译本补足。——中译者

次完整的、无条件的胜利，因此他们被迫只能拼死一战。在战前，他们首先用半生的肉和凯利亚（caelia）[1]作为葬礼宴席添饱了肚子。凯利亚是他们用谷物酿造的一种本地酒的名称。他们的意图被罗马将军察觉，所以即使他们准备牺牲，却得不到战斗的机会。他们被一条壕沟、一道壁垒以及四座军营围困，因而越来越受到饥馑之迫。这时他们乞求将军允许作战，从而使自己可以像男人一样战死。然而，这一要求被拒绝，他们便决定强行突围。这导致了一次战斗，其间他们大量的人遭到屠杀，而且由于受到饥饿的严重威胁，他们还以死尸为食生活了一段时间。[2] 最后，他们决定逃跑，但被他们的妻子阻拦。她们割下了马的肚带——这是一个严重错误，但完全出于爱。于是，他们逃跑无望，转而变得暴戾狂怒，最终在罗伊科格涅斯（Rhoecogenes）的带领下用刀剑、毒药和笼罩全城的大火结束了自己的生命，结束了自己家人和同胞的生命。在我看来，所有的光荣属于这座勇敢、幸运的城市，甚至在它不幸的时候也是如此，因为它忠诚地帮助了其同盟者，而且以如此少的兵力对一个由全世界的资源支持的民族顽抗了这么长的时期。它最终被一位最伟大的将军征服，但没有给敌人留下欢跃的理由。因为没有一个努曼提亚人幸存下来，让罗马人作为战俘在凯旋式上示众；这座贫穷的城市也没有留下任何战利品，他们又将自己的武器焚毁。只有城市的名字留了下来，可供罗马人凯旋式之用。

19. 到目前为止，罗马人民一直是光荣的、卓越的、虔敬的、正直的和高尚的。在这一时期剩下的时间内，他们的历史即使同样宏大，却因那与帝国的伟大同时增长的罪恶而受扰和蒙羞。这种情况到了这样的程度，以致如果一个人要对这第三阶段，即海外征服的二百年时间进行再划分，他会理智而公正地承认征服阿非利加、马其顿、

---

① 一种啤酒；见老普林尼，《自然史》，XXII. 25. 82。
② inde 的这种阐述被瓦勒利乌斯·马克西穆斯，VII. 6，2 的材料所证实。

西西里和西班牙的第一个百年可以用诗歌的语言命名为黄金时代，接下来的第二个百年可命名为铁血时代或任何更可怕的名称。因为这些年中不仅包括朱古达战争（Jugurthine war）、辛布里战争（Cimbrian war）、米特拉达梯战争（Mithridatic war）、帕提亚战争（Parthian war）和海盗战争，包括在高卢和日耳曼（Germany）的战争（当时罗马的荣耀升达天际），还包括对格拉古兄弟和德鲁苏斯的谋杀，包括对奴隶的战争以及对角斗士（gladiators）的战争（这使他们的声誉损害到极点）。最后，罗马人仿佛是变得疯癫、狂怒了一般，将矛头转向了自己，在马略党和苏拉党以及最后庞培党和恺撒党的手中被搞得四分五裂。这确实是一种罪恶。这些事情即使密切联系、相互包含，但为了

159 将它们清楚地叙述，而且为了不至于使罪恶遮掩美德，我会分别进行叙述。所以首先，我会遵循最初的计划，讲述对国外民族进行的正义的和光荣的战争，以彰显帝国那日益增长的伟大；然后，我会转而叙述那些罪恶，以及公民间耻辱而渎神的内斗。

XXXV. 亚细亚战争

20. 当西班牙在西方被征服时，罗马人在东方建立了和平。他们不仅有和平，而且由于那无可比拟、闻所未闻的好运，通过国王们的遗赠而获得财富，甚至曾一次获赠整个王国。阿塔罗斯为帕加马国王，国王欧美涅斯（Eumenes）之子，曾经是我们在战争中的同盟者和支持者。他生前留下遗嘱说："让罗马人民继承我的产业，下列财富现在构成王室财产。"[①]于是，罗马人进入这片继承而来的土地，获得了一个行省。他们不是通过战争或武力，而是更为公正地通过遗嘱所授予的权利获得了该行省。［接下来，］很难说罗马人更加轻易地失去该行省还是恢复该行省。阿利斯托尼科斯（Aristonicus），一个勇敢的王室血统的年轻人，轻易地赢得了通常服从国王的几座城市，又对几

---

① fuerunt 似乎是一种书信体的完成时态："当我立此遗嘱时，是……"

座不愿投靠他的其他的城市施压。这些城市包括敏都斯（Myndos）、萨摩斯（Samos）和科洛丰（Colophon）。他还击败了大法官克拉苏（Sulla）的军队并俘获主将。然而，后者没有忘记他的家族传统，没有忘记罗马之名。他用一根棍子戳瞎了蛮族看守的眼睛，对他进行挑衅，从而如愿以偿地使他处死自己。阿利斯托尼科斯很快就被佩尔佩尔那（Perperna）击败，成为阶下囚，并在要求被拒绝后戴上了枷锁。阿奎利乌斯（Aquilius）通过向泉水投毒的邪恶伎俩迫使某些城市投降，最终将亚细亚战争结束。这种手段即使加速了他的胜利，却使胜利蒙羞，因为他违反天理和我们祖先的传统，使用了肮脏的毒药，侮辱了迄今为止一尘不染的罗马武器。

XXXVI. 朱古达战争

1. 东方的事务就叙述到此；南方却没有同样的宁静。在迦太基遭遇那样的命运之后，谁能够预料阿非利加会打响另外一场战争呢？然而，努米底亚（Numidia）发奋从事一项艰巨的事业，而在朱古达（Jugurtha）身上有某些气质使之成为继汉尼拔之后令人恐惧的目标。既然罗马人民无法被武器战胜，这位狡猾的国王就用他的财富攻击他们。出乎一般人意料的是，命运注定一位富有谋略的国王最终被谋略所害。朱古达是马西尼萨的孙子和米基普萨（Micipsa）的养子，他因为急于取得王位，决定处死自己的堂弟们。他不太害怕他的堂弟们，而更害怕罗马元老院和罗马人民，因为他的王国就是在与他们结盟时以及在他们的保护下才能存在。于是他依靠卑劣手段犯下第一桩罪行。

他在取得希耶姆普萨尔（Hiempsal）的头颅之后，把注意力转向了逃往罗马的阿德赫尔巴尔（Adherbal），便派出使团，令其携带大量金钱把元老院拉拢到自己一边。这是他对我们所取得的第一次胜利。他对被派出在他与阿德赫尔巴尔之间分割王国的委员会采取类似的手段，并贿赂了斯科鲁斯（Scaurus），从而攻击了罗马帝国秉性的化身。因为他企图依靠大胆的手段完成自己已经开始的罪行。然而，他的罪恶不可能长期不被察觉。委员会受贿的丑闻被公布了出来，于是［罗马人民］决定对这个谋杀自己亲属的人采取战争行动。执政官卡尔普尔尼乌斯·贝斯提亚（Calpurnius Bestia）①是第一位被派来进攻努米底亚的将军。但那位国王通过经验得知在对付罗马人的时候，黄金比钢铁要有效得多，便从他那里购买了和平。朱古达因这些犯罪的举动而被指控。罗马元老院在答应保证他安全的前提下将他召来。然而，他在前往罗马时表现得同样傲慢，还派人杀死了他的王位竞争者马西瓦（Massiva）。这一举动是［罗马人］对国王作战的另一原因。继之而来的报复任务被委托给了阿尔比努斯（Albinus）。然而，他的兄弟②（我耻于提到他）使军队严重腐化，所以努米底亚人在我军主动的逃窜中赢得了胜利，并占领了我们的军营。紧接着，阿尔比努斯与敌人缔结了一纸可耻的条约，以确保罗马人的安全。根据这一条约，他带着自165 己的军队撤离。最后，梅特鲁斯起而捍卫罗马帝国，他所捍卫的与其说是帝国的伟大，毋宁说是它的荣誉。敌人一会儿用乞求，一会儿用威胁，有时用伪装的，有时用真正的逃跑来欺骗他。他则以高超的技巧施展谋略，以彼之道还施彼身。他不满足于废弃田地和村庄，又进攻努米底亚的大城市。确实，他在进攻扎马（Zama）时未取得胜利，但他劫掠了塔拉（Thala）。这是一座武器库和皇家财库。后来他又穿越毛里塔尼亚（Mauretania）和盖图里亚（Gaetulia）追捕国王。后者现在已经被赶出了城市，是一个脱离国家、脱离王国的逃难者。最后，马略率领大量已经扩充的兵力（因为作为一个出身低的人，他如人们所能预料的那样，强迫最低等级的公民参军）进攻国王。当时国王虽然已被击败并负伤，但马略还是颇费周折才战胜对手。假设国王的军

---

① 公元前 111 年的执政官。

　　当年另一执政官为普布利乌斯·科尔涅利乌斯·西庇阿·那西卡·塞拉庇奥。——中译者

② 　奥鲁斯·阿尔比努斯，他作为同大法官被留在阿非利加（萨鲁斯提乌斯，《朱古达战争》，38）。

队体力充沛、未受损伤，他要取胜也不过要费如此的周折而已。马略不仅在好运的眷顾下，征服了赫丘利在阿非利加中部建立的卡普萨城（Capsa）——该城以干涸的沟壑、蛇虫和沙子加以防御——而且仰赖一个利古里亚士兵①[的引领]，还奔袭到达一座建在多石山顶的城市莫鲁卡（Molucha）。到达这座城市的通道非常陡峭，难以攀登。后来，他在基尔塔（Cirta）城附近不仅击败了朱古达，还击败了毛里塔尼亚国王波库斯，后者因为亲属关系而支持努米底亚。波库斯（Bocchus）为自己的利益担忧，害怕被牵扯到另一个人②的毁灭中，便将朱古达交出，以图换取条约和友谊。就这样，这位最为背信弃义的国王因他自己岳父的背叛而陷入罗网，并被交给苏拉。罗马人见到朱古达身披枷锁走在凯旋式的行列中，而此时兵败被俘的他也看到了这座城市。他当初曾自以为是地预言这是一座可以买卖的城市，如果某天能够找到一个买主的话就会灭亡。如果它曾经可以出卖的话，朱古达就是一个买主，而它一旦脱离了他的魔掌，很明显并不是注定要灭亡的。

XXXVII. 对阿罗布罗格斯人的战争

2. 对罗马人在南方的行动就叙述到此。一个更为可怕而广泛的危险从北方威胁着他们③。没有比这一地区更糟糕的了。这里气候恶劣，而居民的性情与气候类似。在整个地区范围内，从该国北部的左、右、中间，强悍的敌人蜂拥而来。

忠诚而友好的城市马西里亚（Massilia）④抱怨萨鲁维人，于是后者在阿尔卑斯山的另一边遭到了我军的第一次打击。继之，埃杜伊人

---

① 萨鲁斯提乌斯对这一事件有所描述（萨鲁斯提乌斯，《朱古达战争》，93.2）。

② 朱古达。——中译者

③ 此处读法并不确定（见校注：*Iacunam post* venientem *indicavit mommsenus*：saevitum *vel* sarviente *Aldus*：Venit malum *vel* exitium *Rossbachius*.），但基本意思是明确的。

④ 今之马赛（Marseille）。——中译者

(Aedui)对阿罗布罗格斯人(Allobroges)和阿尔维尔尼人(Arveni)作出同样的抱怨,并请求我们的帮助与支持,于是后两个民族也受到打击。伊萨拉河(Isara)、文德里库斯河(Vindelicus)以及水流最为湍急的隆河(Rhone),它们可以见证我们对这些民族的胜利。我们的战象与蛮族的战象同样凶猛,它们在敌人中间引起极度的恐慌。在凯旋式
169 中最引人注目的人物是国王比图伊图斯本人,他就处在他那各种各样的武器中和银制的马车中,就像在战争中的状态一样。这些胜利引起的巨大欢跃或许能够从下面事实中得到证明:多米提乌斯·阿赫诺巴尔布斯(Domitius Ahenobarbus)和法比乌斯·马克西穆斯在他们实际战斗过的地方建立了几座石塔,在塔顶上装了以敌人的武器装饰的纪功柱。这些举动对我们的将军来说是不寻常的,因为罗马人从未对战败的敌人再行侮辱。

XXXVIII. 对辛布里人、条顿人以及提古里尼人的战争

3. 辛布里人(Cimbri)、条顿人(Teutones)以及提古里尼人(Tigurini)是来自高卢边远地区①的逃难者,由于国土被海水淹没,他们便开始从世界上寻求其他新的定居地。他们离开高卢和西班牙,下行到意大利,派代表到西拉努斯(Silanus)的军营并经他向元老院提出要求:"马尔斯的人民应该有偿地给他们一些土地,此后可随意为任何目的而使用他们的人手和武器。"然而,罗马人民在就土地立法进行内部斗争的前夜有什么土地能够送给他们呢?这样被拒绝后,他们开始以武器的力量谋求用请求无法取得的东西。西拉努斯没能抵挡住蛮族的首次进攻,马尼利乌斯没能抵挡住第二次进攻,而凯庇欧

---

① 英译者约翰·塞尔比·沃特森注道,*Ab extremis Galliae* ... 数行之后又出现了"高卢",因此显然此处有误。Cluverius, *Germaniae antiquae*, i. 10, ii. 4, iii. 22认为应作 *Germaniae* 之读法。Graevius 与 Duker 说高卢最早的居民为日耳曼人,因此弗洛鲁斯有理由地将高卢作为日耳曼尼亚的同义词加以使用。然而,我没有充分的理由怀疑 Cluverius 的正确性;因为弗洛鲁斯言辞考究,不可能在 *ab extremis Galliae profugi* 之后出现 *exclusi Gallia* 这样欠优雅的重复。——中译者

(Caepio)也没能抵挡住第三次进攻。他们皆被击溃，其军营被占领。如果那个时代没能幸运地拥有马略的话，罗马就有可能面临穷途末路。即便马略也不敢立刻迎敌，而是让士兵留在军营中，直到敌人那不可遏止的暴躁和狂怒取代了勇敢，并开始发作的时候。于是蛮族嘲笑我们的士兵，让对方将留给妻子的信交给他们。他们就是如此信心满满地认为能够攻陷罗马。他们兵分三路，急速冲向意大利的屏障阿尔卑斯山，这种速度充分体现出他们的威胁。马略以惊人的速度抄近路把敌人抛在身后，最初在阿尔卑斯山脚下与条顿人遭遇，他在一个叫阿奎伊·塞克斯提埃（Aquae Sextiae）的地方让敌人遭遇了怎样的败绩啊！简直是神力在起作用。当时敌人占据山谷以及流经它的河流，而我军没有水源供应。这位将军是故意这样做还是将错误转变成计谋尚无法确定。无论如何，罗马人在面临必需品短缺的情况下，依靠勇敢获得胜利。因为当人们要求得到水的时候，马略说道："如果你们是男子汉的话，那里有你们所要的水。"后来他们如此热忱地战斗，对敌人进行了如此大规模的屠杀，最后胜利的罗马人确实从被血沾染的河流中喝的血与所喝的水一样多。敌人的国王条托波杜斯（Teutobodus）本人以前习惯于在四匹甚至六匹马背上翻越，但现在逃跑的时候甚至不能找到一匹来骑。他在邻近的森林中被抓获，成为凯旋式中的一个非常引人注目的人物，因为他体型出众，高过纪念本次战斗的纪功柱。

　　条顿人就这样被彻底毁灭。[罗马人的]注意力下一步转向了辛布里人。即使难以置信，该民族在冬季（这增加了阿尔卑斯山的高度）如雪崩一般从特里登图姆山区（Tridentine ranges）下到意大利来。辛布里人首先想要渡过阿特西斯河（Atesis）。他们不是通过桥梁或船只，而是出于蛮族的愚蠢，想要通过游泳渡河。他们最初用双手和盾牌试图遏止激流而未果，便把树枝投到河中阻挡了河流，就这样过了河。如果他们立刻全速进逼罗马，急于作战，会造成更大的危险。然而，在意大利几乎气候最舒适的地区维涅提亚（Venetia），宜人的乡村和空气将他们的锐气消磨。他们由于食用面包和烹制的肉食，又沉溺于饮酒，士气进一步低落。这时马略适时逼近了他们。他们自愿出城——因为这些蛮族不知道害怕①——要我们的将军定一个战斗的日期。于是马略约定次日交战。两军在被称为劳狄平原（Raudian Plain）的辽阔原野遭遇。阵亡者敌方 6.5 万人，我方则不足 300 人。[我们]对蛮族的屠杀持续了一整天。此役中，我们的将军也在勇敢之外又增添了狡诈，模仿了当初坎奈之役中的汉尼拔及其策略。因为首先，他所选的那一天是有雾的，因此他可以出其不意地攻击敌人；其次，那一天也有风，因此尘土被刮到敌人的眼睛和脸上；最后，他使队列背东面西排列，因此正如后来从俘虏口中得知的那样，由于罗马人的青铜头盔所反射出的光芒，天空看起来犹如燃起烈火。对蛮族妇女的斗争同对男人的斗争一样艰巨，因为她们用马车和大车建起了一道路障，站到上面用战斧和长枪作战。她们的死同她们的奋勇抵抗一样光荣。她们向马略派出一个使团，要求获得自由，成为女祭司②，但是被拒绝，因为这一要求是不会被法律容许的。于是，她们将所有的婴儿掐死或摔死，而她们自己要么相互杀死，要么用自己的头发结成绳子在树上或马车的轭上吊死。她们的国王波奥利克斯（Boiorix）在战场前沿奋勇拼杀直至阵亡，但并非没有在敌人身上报仇。

　　第三个民族提古里尼人（Tigurini），他们在阿尔卑斯山的诺里库姆山区（Norican ranges）站稳脚跟，又以此为据点向不同方向散布开来。他们习惯于不光彩的逃跑，会在劫掠破坏一番之后逃之夭夭。意大利解除威胁，帝国得到拯救，这一欢快而幸福的消息传到罗马人那里。如果我们相信传说的话，这次信息的传递不像往常那样通过人

----

① 此处文本并不确定，见校注：*locus valde corruptus*：est-vestigia *om*．*B*：venere-vestigia *om*．*L*：venere illi quam et in barbaris multa vestigia *ceteri*：venere ipsi-nam metus in barbaris nulla vestigia-et *etc*. *Halmius*．
② 她们要求将自己作为礼物送到维斯塔贞女那里，并发誓保持贞洁（瓦勒利乌斯·马克西穆斯，VI，1）。

力，而是通过诸神自己的嘴。因为在战争进行的同一天，人们看到在波吕克斯和喀斯托尔的神庙前，一些年轻人头戴月桂冠前往大法官处，对辛布里人战争胜利的消息远远地传遍整个剧场……①解释说："但愿这是一个吉兆。"还有什么能比这更令人赞叹、引人注目的呢？因为就像站在山丘上高高耸立的罗马城里亲眼目睹这场战斗一样，城中的人们对一场角斗表演报以热烈的鼓掌欢呼声，而就在此时，辛布里人纷纷倒在战场上。

177

XXXIX. 色雷斯战争

4.(天哪!)继马其顿人之后，其先前的纳贡者色雷斯人发动叛乱，而且他们不满足于仅仅侵入邻近的色萨利和达尔马提亚(Dalmatia)行省，还远侵到亚德里亚海地区。这片海域所形成的边界将他们阻止，因为大自然很明显地抑止了他们进军的步伐。于是，他们将武器投入这片海域。在整个进军途中，他们对俘房发泄自己的怒火时，几乎没有什么残忍的事情是没有尝试过的：他们用人的鲜血向诸神献祭；用人的颅骨作饮器；通过焚烧、烟熏②等各种途径，将死亡变得更加耻辱；他们甚至通过拷打强行把胎儿从母亲的子宫中取出。色雷斯人中最残忍的是斯科尔狄斯基人(Scordisci)，他们除了势力强大之外还尤其狡猾。他们出没于树林与山岭之间，这种行为与他们凶狠的个性极为相符。于是，一支[罗马]军队在一个名曰加图的人的指挥下，不仅被他们击溃并驱散，而且被全歼。这几乎可以被视为奇迹。狄狄乌斯(Didius)发现色雷斯人四处游荡，分散开来进行毫无秩序的掠夺，就把他们赶回自己的色雷斯领土。德鲁苏斯把他们赶得更远，而且使他们不能再次渡过多瑙河(Danube)。米努基乌斯(Minucius)将赫伯鲁斯河(Hebrus)沿岸的乡村全部废弃，然而，他在率军骑马越过一条冰面

---

① 文本此处有缺失。
② 比读西塞罗，《反维列斯》，II，ii，17(45)。彼处对烟熏之刑有所描述。

179 并不坚实的河流时，折损了许多人。沃尔索（Volso）进入罗多佩山
（Rhodope）和高加索山（Caucasus）①。库利奥（Curio）到达了达契亚
（Dacia），但又从那荫蔽的森林中退回。阿庇乌斯进军到萨尔马提亚
人（Sarmatians）的领土，而鲁库鲁斯到达了这些部落的边界塔奈斯
（Tanais），以及美奥提斯湖（Maeotis）。要征服这些蛮族敌人，只能以
其人之道还治其人之身。罗马人用烈火和刀剑对俘虏进行了极为严酷
的惩罚。然而在蛮族看来，没有什么事情是比将他们砍去双手，并且
在施加惩罚之后又强迫他们苟活下来还要可怕的。

XL. 米特拉达梯战争

5. 本都（Pontus）诸民族位于左侧边②的北部，得名于本都海。这
片地区和这些民族最早的国王是阿伊塔斯（Aeetas），其后是阿尔塔巴
佐斯（Artabazes）——他是那七位波斯人之一的后裔③，再后来是米特
拉达梯（Mithridates），到目前为止他是他们最伟大的统治者。因为皮
洛士抵抗了 4 年被击败，汉尼拔抵抗了 13 年被击败，而米特拉达梯
则顽抗了 40 年。最后，他在三次大战中被击败，被幸运的苏拉、勇
猛的鲁库鲁斯和强大的庞培（Pompeius）彻底消灭。他曾对我们的使节
卡西乌斯声明，战争的原因是俾泰尼亚（Bithynia）国王尼科墨德斯
（Nicomedes）侵犯了他的边界，但实际上，由于受无边的野心的驱使，
181 他企图独占整个亚细亚，而且如果可能的话，也想占有欧罗巴。我们
的虚弱给了他希望与信心，因为当时我们忙于内战，而马略、苏拉和
塞多留（Sertorius）的行动使全天下的人都知道帝国边界处于不受保护
的地位，于是，米特拉达梯就得到了一个千载难逢的机会。我们的国

---

① 此处提及的高加索山是一个极好的例子，证明了弗洛鲁斯有时会犯的言辞浮夸的
毛病。

② 此处文意似乎是说本都海（黑海）被认为是位于航往亚细亚的船只的左侧。

③ 波利比乌斯，V. 43，2 中说："米特拉达梯吹嘘自己是曾摧毁马基僧（Magus）的七
位波斯人中一位的后裔"（见希罗多德，III，61），"而且他从他的祖先那里直接继承过来对
黑海沿岸地区的统治权。这一权力最初是由大流士赐予他的祖先的。"

家受到这样的伤害，且分身乏术。正在此时，本都战争的风暴好像瞅准了时机似的，突然从北方最遥远的前哨爆发，它所对抗的正是一个精疲力竭而分身乏术的民族。

米特拉达梯首战迅速攻取了俾泰尼亚。于是亚细亚陷入了普遍的恐慌之中，我们的诸城市和民族毫不迟疑地反叛，投向了国王。他动作迅猛，咄咄逼人。他表现得极为残酷，仿佛那是一种美德。因为有哪一条法令在残忍程度上能够有甚于他的这一条呢：他命令屠杀所有具有罗马公民权的亚细亚人。同时，私人房舍、神庙祭坛、所有凡人和诸神的法律，它们的神圣性都受到了侵犯。在亚细亚如此产生的恐慌也为国王开启了通往欧罗巴的大门。于是他派遣他的将领阿尔克拉奥斯（Archelaus）和涅奥普托勒摩斯（Neoptolemus），将所有的居克拉德斯（Cyclades）群岛、提洛岛（Delos）、尤卑亚岛（Euboea）以及希腊的光辉之城雅典占领（只有罗德斯除外，因为它比以往更忠诚地支持我们）。现在国王带来的恐惧传播到了意大利和罗马本土。于是我们伟大的指挥官苏拉迅速前往迎击，他在进军途中的残暴程度不亚于敌人，又仿佛通过一个简单的手势制止了国王进一步的挺进。首先，在谷物最早被发现的雅典，苏拉通过围困和饥馑迫使城内人以人肉为食（这一故事几乎难以置信）；接着，他将由六道或者更多的城墙环绕的庇雷尤斯（Piraeus）港摧毁。当他征服了这些最为背信弃义的人之后，却（用他自己的话说）"因他们的神祠和过去的荣耀而宽恕了他们，作为对他们逝去的祖先的敬意"。后来，他把国王的驻防军驱逐出尤卑亚和彼奥提亚（Boeotia），然后在凯洛涅亚（Chaeronea）和奥尔科墨诺斯（Orchomenus）的两次战斗中打散了他的全部兵力。再后来，他迅速挺进亚细亚，战胜了国王本人。如果苏拉追求对米特拉达梯的一次彻底的而非迅速的凯旋式的话，战争就会宣告结束。下面是苏拉在亚细亚处理事务的情况：他与本都人签订了条约；俾泰尼亚被由米特拉达梯转交给尼科墨德斯，卡帕多契亚（Cappadocia）被交给了阿利奥巴扎涅斯（Ariobarzanes）；亚细亚像以前一样又回到我们手中，但米特家受到这样的伤害，且分身乏术。正在此时，本都战争的风暴好像瞅准了时机似的，突然从北方最遥远的前哨爆发，它所对抗的正是一个精疲力竭而分身乏术的民族。

米特拉达梯首战迅速攻取了俾泰尼亚。于是亚细亚陷入了普遍的恐慌之中，我们的诸城市和民族毫不迟疑地反叛，投向了国王。他动作迅猛，咄咄逼人。他表现得极为残酷，仿佛那是一种美德。因为有哪一条法令在残忍程度上能够有甚于他的这一条呢：他命令屠杀所有具有罗马公民权的亚细亚人。同时，私人房舍、神庙祭坛、所有凡人和诸神的法律，它们的神圣性都受到了侵犯。在亚细亚如此产生的恐慌也为国王开启了通往欧罗巴的大门。于是他派遣他的将领阿尔克拉奥斯（Archelaus）和涅奥普托勒摩斯（Neoptolemus），将所有的居克拉德斯（Cyclades）群岛、提洛岛（Delos）、尤卑亚岛（Euboea）以及希腊的光辉之城雅典占领（只有罗德斯除外，因为它比以往更忠诚地支持我们）。现在国王带来的恐惧传播到了意大利和罗马本土。于是我们伟大的指挥官苏拉迅速前往迎击，他在进军途中的残暴程度不亚于敌人，又仿佛通过一个简单的手势制止了国王进一步的挺进。首先，在谷物最早被发现的雅典，苏拉通过围困和饥馑迫使城内人以人肉为食（这一故事几乎难以置信）；接着，他将由六道或者更多的城墙环绕的庇雷尤斯（Piraeus）港摧毁。当他征服了这些最为背信弃义的人之后，却（用他自己的话说）"因他们的神祠和过去的荣耀而宽恕了他们，作为对他们逝去的祖先的敬意"。后来，他把国王的驻防军驱逐出尤卑亚和彼奥提亚（Boeotia），然后在凯洛涅亚（Chaeronea）和奥尔科墨诺斯（Orchomenus）的两次战斗中打散了他的全部兵力。再后来，他迅速挺进亚细亚，战胜了国王本人。如果苏拉追求对米特拉达梯的一次彻底的而非迅速的凯旋式的话，战争就会宣告结束。下面是苏拉在亚细亚处理事务的情况：他与本都人签订了条约；俾泰尼亚被由米特拉达梯转交给尼科墨德斯，卡帕多契亚（Cappadocia）被交给了阿利奥巴扎涅斯（Ariobarzanes）；亚细亚像以前一样又回到我们手中，但米特拉达梯仅仅是被击退而已[而并未被消灭]。如此的结果远没有打消本都人的斗志，反而激励了他们。这位国王继续被亚细亚和欧罗巴的诱饵吸引着，现在试图通过武力收复它们，仿佛它们从未属于他人，只是被抢走，因为他未能很好地保有自己的胜利果实。于是，正如没有彻底熄灭的火种会重新燃烧，且火势更旺一样，米特拉达梯携其大大扩充了的兵力，以及事实上整个王国的资源，再度经由陆地、海洋和河流进犯亚细亚。

高贵的居吉科斯（Cyzicus）城拥有卫城、城墙、港口和大理石塔楼，是亚细亚海岸的荣耀。米特拉达梯倾全部兵力攻击它，仿佛它是第二座罗马城。然而，一名信使通过惊人的技艺从敌人的舰队之间冲出。他身裹充气的皮囊，以双足拨水，在远处的哨兵看来就是某种海怪。他宣告了鲁库鲁斯到来的消息，激励居民充满信心、坚持抵抗。此后不久，霉运倒向国王一边。由于围攻过于持久，饥荒开始折磨他，并且引发了瘟疫，迫使他撤退。鲁库鲁斯紧追不舍，并给了国王沉重的一击，以至于格拉尼科斯（Granicus）和埃塞波斯（Aesepus）两条河流被鲜血染红。这位狡猾的国王熟知罗马军队的贪婪，命令军队在逃跑时把黄金和钱财撒在路上，以延误追兵的速度。他在海上的逃路可就不如陆上那般幸运了：他的舰队拥有舰船超过100艘，且满载战争物资，在黑海上被风暴袭击和吹散，遭到如此严重的损失，就如同一场海战的失败所造成的损失一样。这样给人的感觉是，鲁库鲁斯似乎通过与海浪和风暴订立的契约把国王送给飓风，将他击败。米特拉达梯那强大王国的所有战争资源皆已枯竭，但这种不幸只会激发他的斗志。于是他求助于他的邻近民族，使几乎整个东部和北部地区卷入自己毁灭的命运中来。伊伯里亚人（Iberians）、加斯宾人（Caspians）、阿尔巴尼亚人（Albanians）以及两支亚美尼亚人（both the Armenian peoples）①都成为他事业的同盟者，于是命运女神选择新的

① 即大、小亚美尼亚。

机会，为她钟爱的庞培赢得荣誉、声望和新的尊号。他看到新的叛乱的火焰正从亚细亚燃起，国王们陆续起事，觉得自己不应该再迟疑。在这些民族联合起来之前，庞培在幼发拉底河（Euphrates）上用船只搭建起一座浮桥，并且第一个过桥渡河。在国王从中亚美尼亚逃跑时，他对国王发起进攻，并且由于一如既往的好运，他在一次战斗中击败了国王。这场战斗发生在夜间，月亮偏袒了一方。因为月亮女神，仿佛是站在庞培一边作战似的，置身于敌人后面，面向罗马人。本都人看到自己长长的影子极为反常，以为那是敌人的身体。那一夜，米特拉达梯最终战败，并再也没有任何作为，即使他使出了所有的权宜之计，就像蛇一样，即使头被打扁，仍要以尾巴威胁敌人，直到最后。从敌人手中逃脱来到科尔基斯人（Colchians）那里后，米特拉达梯酝酿了一个计划（即使它最终也不过是个计划，未付诸实施），打算在博斯普鲁斯（Bosporus）海峡上建桥，接着穿过色雷斯、马其顿和希腊，然后突袭意大利。然而，臣民的离弃和儿子法尔那克斯（Pharnaces）的背叛使他的计划落空。他先试图用毒药摧毁自己的生命，未能如愿之后用剑自裁。

187

与此同时，格奈乌斯·庞培·马格努斯，因为继续平定亚细亚其他地区的叛乱，故而匆匆穿过相距遥远的部族和国土。他沿亚美尼亚东行，占领了那一民族的首府阿尔塔克萨塔（Artaxata）。对于前来哀求宽恕的提格拉涅斯（Tigranes），他命令其继续保有王国。他又往北进军，如海员在海上航行时所做的那样，在星宿的指引下前往斯基泰（Scythia）。在途中，他击败了科尔基斯人，原谅了伊伯里亚人，宽恕了阿尔巴尼亚人。他把军队驻扎在高加索山脚下，然后命令他们的国王奥罗德斯（Orodes）下行到平原，同时让伊伯里亚人的统治者阿尔托克斯（Arthoces）交出子女以为人质。他甚至奖励了奥罗德斯，因为后者从他的阿尔巴尼亚王国带来一张黄金的床榻以及其他礼物送给庞培。然后，庞培挥师南下，穿过叙利亚的黎巴嫩（Lebanon），穿越大马士革（Damascus），挥动罗马军帜穿过那著名的芳香树林和生长着乳

189

香与香脂的森林。他发现阿拉伯人(Arabs)很愿意执行他的任何命令。
犹太人(Jews)试图防守耶路撒冷(Jerusalem),但他同样进入了这座城
市,并清清楚楚地看到了那个不敬神的民族的秘密:那是一条金葡萄
藤下的天堂。① 庞培被指定为仲裁人,负责解决兄弟二人的王位纷争。
他作出了有利于叙尔卡努斯(Hyrcanus)的决定,而把阿利斯托伯鲁斯
(Aristobulus)投入监狱,因为后者正在试图恢复自己的权力。于是罗
马人民在庞培的率领之下,横越了最广阔范围的亚细亚,而且使曾经
最边远的行省成为中央行省。② 除了想缔结条约的帕提亚人,以及到
目前为止还对我们一无所知的印度人(Indians)之外,所有红海和里海
之间的亚细亚领土以及海域都被庞培的武力征服或威慑,被我们所
掌握。

XLI. 对海盗的战争

6. 与此同时,当罗马人忙于世界各地的事务中时,基里基亚人
(Cilicians)侵略海洋,阻断商路,扰乱世界和平,通过战争行动在海
上造成一种交通被封锁的动荡局面。米特拉达梯战争给亚细亚造成的
混乱局势,在这些无家可归又无依无靠的匪徒们中间燃起一种鲁莽的
斗志。这些匪徒虽然未曾参加本次战争,但在战争所带来的混乱以及
对异国君主的憎恨的掩护之下,肆意横行海上。最初,他们在首领伊
索多罗斯(Isodorus)的率领下,活动还限于邻近海域,从事劫掠只在
克里特(Crete)、居勒奈(Cyrenae)、亚该亚和马勒亚海角(Cape
Malea)附近海域之间的地区。他们从马勒亚海角附近海域虏获了极为
丰富的财富,故而称之为黄金海。普布利乌斯·塞尔维利乌斯被派出

---

① 即天空之神(耶和华)的神像;比读尤维纳利斯,VI,545:*interpres legum Solymarum et magna sacerdos/arboris ac summi fida internuntia caeli*。另见 Georges Perrot et Charles Chipiez,*Histoire de l'art dans l'antiquité*:*Égypte*,*Assyrie*,*Perse*,*Asie Mineure*,*Grèce*,*Étrurie*,*Rome*,II,fig. 8,235。

② 即将亚细亚行省之外的领土纳入罗马统治范围之内。

清剿他们。即使用船体沉重而装备精良的战舰战胜了海盗轻盈而迅捷的双桨帆船，但他的胜利绝对不能说是未曾流血而获得的。由于不满足于把海盗赶出大海，他攻陷了他们那些最强固的城市。这些城市长期以来积聚了大量的虏获物，它们是：法塞里斯、奥林波斯和基里基亚（Cilicia）的卫城——伊扫里人（Isauri）的城市。他由于在伊扫里功勋卓著而赢得了伊扫里库斯（Isauricus）的尊号。然而，海盗们即使遭遇了如此多的灾难，却不愿意因此被限制在陆地上，而是犹如天性适合生活在海上或陆地上的动物一样，只要敌人撤退，他们就没有耐心再待在岸上，而是在天性的支配下重新下海，把活动扩展到比以前更为广阔的地区，渴望以一次突然袭击在西西里和我们的坎帕尼亚（Campania）海岸制造恐慌。于是，庞培认为基里基亚值得去征服，并将其纳入他对米特拉达梯战争事务的一部分。庞培决定一劳永逸地铲除这些散布在海上的祸害，于是几乎以天神的方法完成他的任务。他的舰船以及我们的同盟者罗德斯人组成充足的兵力，供他指挥调度。他在无数副将与舰长的协助下，在黑海海口直到大洋入口处的辽阔海域上展开行动。格利乌斯（Gellius）掌管图斯卡尼海（Tuscan Sea）；普罗提乌斯（Plotius）掌管西西里海；阿提利乌斯掌管利古里亚海湾（Ligurian Gulf）；庞波尼乌斯（Pomponius）掌管高卢海湾；托尔夸图斯在巴列亚海（Balearic waters）指挥；提比略·尼禄在我们入海的门户加狄斯海峡（Straits of Gades）指挥；伦图鲁斯·马尔克利努斯（Lentulus Marcellinus）看守利比亚海和埃及海；庞培年轻的儿子们看守亚德里亚海；特伦提乌斯·瓦罗（Terentius Varro）看守爱琴海和爱奥尼亚海；梅特鲁斯看守旁非里亚海（Pamphylian sea）；凯庇欧看守亚细亚海；波尔基乌斯·加图封锁普罗蓬提斯海的海口，他用来封锁的舰船彼此间距离如此近，竟然几乎形成一扇门。[①] 于是每一个小时，海

① 此段文字所采用的读法和句读依据 H. A. 奥尔梅洛德（Ormerod）教授的意见，他在一篇论文中厘清了公元前 67 年庞培战事中整个兵力部署的问题。此文见于《利物浦考古学年鉴》，第 10 卷，第 46 页及以下。

上的所有港口、海湾、隐蔽所、河流、海角、海峡和半岛，每一个海盗都被围住，仿佛落入网中一样。庞培本人则去对付战争的开端和源头基里基亚。敌人也并不拒绝交战，即使他们的勇敢看来更多的是因
195 为他们认识到自己已被紧紧压迫，而并非受自信心的激发。然而，他们充其量只经受了第一轮攻击。一见四周我们舰船的冲撞角，他们就立刻丢下武器和船桨，一起击掌企求宽恕——因为击掌是他们乞求饶命的方式。我们从未赢得这样的一场兵不血刃的胜利，而且后来我们也没有发现任何一个国家[比基里基亚]对我们更为忠诚。这一切拜我们这位统帅的卓越智慧所赐。他把这支海上民族迁移到远离海洋的地方，将他们安顿到内陆地区从事耕种，于是同时既使船只能够畅行海上，又把耕者归还给土地。在这次胜利中，最为值得钦佩的是什么？它被迅速实现吗？——因为它在 40 天内完成；还是上天赐予的好运？——因为没有一艘船损失；抑或是它的持久影响力？——因为从此海盗绝迹。

XLII. 克里特战争

7. 实话实说，克里特战争爆发的原因完全是我们渴望征服这座著名的海岛。据认为它曾经支持过米特拉达梯，因此我们决定用武力对它的罪行施加惩罚。马尔库斯·安敦尼首次对该岛发动进攻，他如此胜券在握、信心满满，以至于在舰船上装载的镣铐枷锁远多于武器装备。于是，他为自己的鲁莽付出了代价：敌人截获了他的大部分舰
197 船，把战俘的尸体吊在船帆上和滑轮上；然后，克里特人胜利地扬帆回归港口。梅特鲁斯最终以战火和刀剑把该岛变成废墟，把居民赶到他们各自的要塞和城市中。这些城市包括：克诺索斯（Cnossus）、埃琉特尔那（Eleutherna）和通常被希腊人称为诸城之母的居多尼亚（Cydonia）。梅特鲁斯对待战俘的手段过于残忍，致使他们大多数人服毒自尽，而其他人派出代表穿越海洋向庞培提出投降。庞培即使在亚细亚指挥，还是派了他的一个将领安敦尼离开他管理的区域来到克

里特，但无济于事。于是梅特鲁斯更为严苛地施行了征服者的权力，在击败居多尼亚人的首领拉斯特涅尼斯（Lasthenes）和帕那勒斯（Panares）后，胜利回归罗马。然而，他从这次著名的胜利中仅得到了克里特库斯（Creticus）的称号，除此一无所获。

XLIII. 巴列亚战争

8. 既然梅特鲁斯·马其顿尼库斯的家族已经习惯于在战争中赢得尊号，他的一个儿子成为克里特库斯后不久，另一个儿子获得了巴列亚利库斯（Balearicus）的尊号。巴列亚岛民（Balearic islanders）在这个时期用他们海盗般的暴行蹂躏着海洋。你或许会怀疑这些居住在树林中的野人怎么会冒险从他们原先居住的山石中间出来观看大海，但他们实际上登上了做工粗糙的船只，总是通过出其不意的攻击给过往船只造成恐惧。他们在远洋看到罗马的舰队，便认为那是唾手可得的猎物，竟然斗胆发起进攻，在首轮进攻中，用石块和碎石投向它。他们每条船用三名投手作战。鉴于这是他们唯一的一种武器，而且从小就是他们唯一的锻炼活动，谁能怀疑他们投掷的准确性？因为他们的男童要在母亲指导下投石狩猎以获取食物，否则便没有东西可吃。然而，他们投掷的石头在罗马人中引起的恐慌没有持续多长时间。当开始近身肉搏，而且感受到我们船只的冲撞角和我们的投枪的厉害时，他们便发出牛群一样的吼声并逃向海岸，逃散到邻近山头。我们在击败他们之前，必须先追索他们。

XLIV. 远征塞浦路斯

9. 海上诸岛的命运被封印。塞浦路斯（Cyprus）也未经一战就被拿下。这座岛屿富有古代传下的财富，因而被奉献给维纳斯（Venus），当时正处在托勒密（Ptolemy）的统治之下。然而，它富有的名声如此之大（而且实至名归），所以一个征服众多国家并习惯于把王国作为礼物的民族，在人民保民官普布利乌斯·克罗狄乌斯（Clodius）的提议

199

下，命令将那位与他们结盟并还在世的国王的财产没收。托勒密听到这一消息后，抢在命运之前服毒自尽了。波尔基乌斯·加图以利布尔尼亚舰船把塞浦路斯的财富运到第伯河口。这比任何一次凯旋式都更为有效地充实了罗马人民的国库。

XLV. 高卢战争

10. 亚细亚被强大的庞培征服之后，命运女神现在让恺撒去征服欧罗巴那些尚未被征服的地区。尚未被征服的民族是所有民族中最强悍的：高卢人、日耳曼人以及不列颠人（Britons）。即使他们处于另外一个世界，我们还是决心将其征服。

赫尔维提人（Helvetii）开始了最初的骚动，他们原居于隆河与莱茵河（Rhine）之间，后来领土不足用，便前来向我们要求新的土地。他们是在焚毁自己的各座城市以后前来的，这一举动表示他们誓不返乡。然而，恺撒先是要求给他时间考虑这一要求，然后在这期间截断了隆河上的桥，从而切断他们的退路。这一招立刻将这一好战的民族赶回自己原先的居所，就像牧人将牲畜群赶回畜栏一样。接下来对比尔及人（Belgae）的斗争更为惨烈，因为他们是为自由而战。在这次战斗中，罗马士兵中涌现出许多英勇事迹，而一次著名的壮举是由将军本人完成的：当军队开始动摇并即将败退时，他从一个逃兵的手中夺过一面盾牌，冲向前线，通过自己的努力使军队重新振作杀敌。接下来发生了一次与维涅提人的海战，但那次战争与其说是对敌人舰队的战争，不如说是对大洋的斗争。因为敌人的舰船做工粗糙、形体笨拙，一旦碰到我军军舰的冲撞角便四分五裂。然而，战斗被浅水所止，因为大洋在战争进入白热化时像往常那样退潮了，它似乎也参与了这次战斗。战争中的战法随民族和国家个性的不同而有异。狡猾的阿奎塔尼亚人（Aquitani）躲在洞穴中，恺撒便命人封闭洞口。莫里尼人（Morini）分散到森林中，恺撒便命人焚毁森林。不要再说高卢人仅仅是野人，因为他们也会使用阴谋诡计。因都提奥马鲁斯

(Indutiomarus)煽动起了特列维里人（Treveri），阿姆比奥利克斯（Ambiorix）煽动起了埃布罗涅斯人（Eburones）。在恺撒不在［高卢］期间，这两个部落联合起来，攻击他的副将们。因都提奥马鲁斯被多拉贝拉勇猛地击退，他的头颅也被带回军营。阿姆比奥利克斯在一座山谷中设置伏兵，通过计谋击败了我们，结果将我们的军营劫掠，将我们的副将奥伦库雷乌斯·科塔（Aurunculeius Cotta）和提图利乌斯·萨比努斯（Titurius Sabinus）斩杀。我们没有立刻向这位国王复仇，因为他越过莱茵河永久地逃窜了。

于是，莱茵河也并非没有受到攻击，因为实际上它为我们的敌人提供庇护却不受惩罚是不对的。在这条河上对日耳曼人的首战有着非常公正的理由：埃杜伊人对他们的入侵进行抱怨。国王阿利奥维斯图斯（Ariovistus）又是多么的傲慢啊！当我们的使团告诉他前来见恺撒时，他答复道："恺撒是谁？如果他想见我的话，就来我这里。我们在日耳曼做什么跟他有什么关系？我干预罗马人的事务了吗？"这一陌生的民族所引起的恐慌是如此巨大，以致人们普遍地立了遗嘱，甚至军营中的人也是如此。然而，敌人的形体越大，他们就越容易暴露给我们的刀剑和其他武器。最能展示我军战斗热忱的情况是，蛮族以盾牌举在头上组成"龟形阵"保护自己，那时罗马人竟然跳到敌人盾牌顶上，从上方将剑刺入他们的咽喉。滕克特里人（Tencteri）又对日耳曼人进行抱怨。这一次，恺撒主动出击，通过船搭的浮桥越过摩塞列河（Moselle），进军莱茵河和身处赫尔居尼亚森林中的敌人。然而，敌人整个部落逃散到他们的密林和沼泽里，罗马人在河对岸出现［对敌人］所造成的恐慌就是这么巨大！他不止一次越过莱茵河，后来他又建起一座桥，再次越过该河。这次敌人中的恐慌更加巨大。当他们看到莱茵河像一个战俘一样，戴着这座桥梁所构成的枷锁时，又一次逃散到密林和沼泽里，而且让恺撒更加失望的是，没有敌人留下来供他征服。

在陆上和海上穿越了所有的地区后，他将目光转向了大洋，仿佛

205

我们的世界对罗马人来说还是不够的，他又考虑另一个世界了。于是，他组织了一支舰队，以惊人的速度越海来到不列颠。他在夜晚三更时①从莫里尼人的港口出发，在［次日］中午之前登陆海岛。海岸上聚集着满心疑惑的敌人，面对眼前奇怪的景象，他们在慌乱之中驾着战车来回运动。这种慌乱对恺撒来说犹如取得胜利，他从惊恐的敌人那里收取了武器和人质，而如果不是大洋摧毁他那冒失的舰队从而实现复仇的话，他还可能进军到更远的地方。于是，他回到高卢，然后又以更大的舰队和更多的兵力重新进军同样的大洋和同样的不列颠人。他将敌人赶入卡勒多尼亚森林，将他们的一位国王卡苏伊拉努斯（Casuellanus）俘虏。他对这些成就感到满意（因为他所追求的是声誉，而不只是一个行省），他带着比以前更多的战利品回归，而这片大洋也表现得更加平静和吉祥，似乎在承认它无力对抗恺撒似的。

高卢最大规模也是最后的暴乱，发生在维尔辛格托利克斯（Vercingetorix）将阿尔维尼人、比图里格斯人（Bituriges）、卡尔努恩特斯人（Carnuntes）和塞夸尼人（Sequani）结成同盟的时候。这位首领的体形、武艺、勇气同样令人畏惧，同时他又拥有一个似乎意在引起他人畏惧的名字。他发现在节日庆典上和会议上，他们的人在树林中最大限度地集中起来，于是他在这些场合以措辞强烈的演说向人们阐明古代的自由权利。恺撒当时正在拉文那征兵，不在高卢，而且阿尔卑斯山又被冬雪覆盖，于是敌人认为这条通道已被封锁。然而，虽然恺撒刚收到信息时大吃一惊，但他成功实施了自己大胆的行动，率领一支轻装部队翻越从未有人穿越的山脉，跋涉过从未有人涉足的道路与积雪，穿越高卢并从各处遥远的冬营召集起自己的军队。他的到来所造成的恐惧还没有传到边境，他本人就已经在高卢腹地了。他攻击作为敌军大本营的诸城市，焚毁了由 4 万人防御的阿瓦里库姆（Avaricum）和有 25 万驻防军的阿勒西亚（Alesia）。所有重要的行动都

① *vigilia*，古罗马夜间巡逻的周期，时长相当于一夜的 1/4。——中译者

集中在阿尔维尼人领土上的格尔高维亚（Gergovia）周围展开。这座坚固的城市由一道城墙、一座卫城以及陡峭的河提防护，又拥有 8 万驻防军。恺撒以一道壁垒、一道栅栏、一道壕沟——他还往壕沟中引入河水、8 座塔楼和一道巨大的围墙包围它。他首先通过饥馑削弱敌人，后来，当守城之敌试图突围时，他就在壁垒和栅栏上将他们砍杀，最终迫使他们投降。国王本人更给这次胜利锦上添花，他作为乞求者来到军营中，将自己的战马和马饰以及武器放在了恺撒前面，并喊道："请接受这些战利品，你这最勇敢的人，因为你征服了一个勇敢的敌人。"

XLVI. 帕提亚战争

11. 罗马人民在北方通过恺撒之手征服了高卢人，在东方却遭到了来自帕提亚人的严重打击。我们也不能抱怨命运女神，因为这场灾难没有任何理由得到慰藉。执政官克拉苏天性贪婪，蔑视一切诸神和凡人。他觊觎帕提亚的黄金，而他所遭受的惩罚就是他的 11 个军团被屠杀和他本人丧命。平民保民官梅特鲁斯在这位将军离开罗马时对他进行了可怕的诅咒。军队开过泽乌格马（Zeugma）后，幼发拉底河湍急的旋涡卷去了他的军帜并将其淹没。当克拉苏在尼克弗里乌姆（Nicephorium）驻扎时，国王奥罗德斯派来使节提醒他牢记庞培与苏拉和他们缔结的条约。克拉苏如此垂涎王室的财富，他的答复甚至没有一丝公正的掩饰，而只是说会在塞琉基亚作出答复。于是，诸神出于对破坏条约者的惩罚，既支持了敌人的计谋，也支持了他们的勇敢。一开始克拉苏听信了一个叫马扎拉斯（Mazaras）的叙利亚诈降者的话，放弃了为他提供唯一的给养运输路径和后方保护的幼发拉底河。接下来，又是在同一个人的引导之下，军队开入开阔的平原中间，从而将自己完全暴露给敌人，使他们可以从四面八方发动进攻。所以克拉苏尚未到达卡莱，国王的将军西拉克斯（Silaces）和苏勒那斯（Surenas）就在他周围亮出军帜。军帜上那绣金的丝质旗面迎风招展。后来，[敌人的]骑兵毫不拖延地从四面八方涌来，将犹如狂雨冰雹一般密集的矛矢向他们投来。于是，这支军队在可怕的大屠杀中被毁灭。执政官本人受邀前去谈判，若不是军政官们进行抵抗，导致蛮族用剑阻止他逃跑的话，他会在敌人的一声令下被活捉。① 这位将军的儿子几乎在父亲的眼前被他们用矛矢射杀。这支不幸的军队，它的残余力量随意地向各处逃散，有的逃往亚美尼亚，有的逃往基里基亚，有的逃往叙利亚，他们甚至几乎没有将这场灾难的噩耗带回罗马。克拉苏的头颅被割下，连同他的右手被带回国王处，并受到了应有的嘲笑：熔化的黄金被灌进他的嘴里，这样，此人生前心中燃烧着对黄金的渴望，现在他那僵死而无血的尸体与黄金一起被焚烧了。

XLVII. 小结

12. 这就是罗马人民历史第三阶段中的海外事务。在这段时间里，他们第一次冒险冲出意大利后，便把兵戈指向全世界。这一时期的第一个百年是纯洁而虔敬的，正如我们所言，这是一个黄金时代，没有恶行与失德，古老田园生活的纯朴状态尚未被玷污和腐化，近在眼前的迦太基敌人的威胁使这一古老风气得以维持。接下来的一百年，我们从迦太基、科林斯和努曼提亚的毁灭以及阿塔罗斯将他的亚细亚王国遗赠给罗马算起，一直到恺撒、庞培和其继承者奥古斯都时代为止。关于他们的历史我们还要叙述。在这段历史中，他们同样从军事功勋中获得荣耀，但也因内部灾难而招致悲哀与耻辱。因为他们占领了高卢、色雷斯、基里基亚和卡帕多契亚这些富庶而强大的行省以及亚美尼亚人和不列颠人的领土。这些领土即使没有什么实质性意义，却能为伟大的帝国添砖加瓦，这一切都是光彩和荣耀的。然而，他们又同时在国内同公民同胞、同盟者、奴隶和角斗士作战，整个元老院分崩离析、同室操戈，这些又都是耻辱和可悲的。确实，罗马人本可以满足于西西里和阿非利加，甚至满足于没有这些地方而只是占有意

---

① 文本补充道："于是，他的头颅被带回来，并受到了敌人的嘲笑。"但这些内容与上下文脱节，而数行之后文中恰当的位置出现了类似的表述。

大利本土，但现在他们变得如此强大而被自己的力量摧毁。我不知道
两种情况孰优孰劣。因为是什么导致了国内的纷争？无非是过度的繁
荣。对叙利亚的征服首先腐化了我们，随之而来的帕加马国王的亚细
亚遗产继续腐化我们。如此得到的资源和财富腐蚀了时代的精神，毁
坏了共和国。共和国被自身的罪恶所淹没，就像置身公共下水道中一
样。因为除了奢侈生活所导致的匮乏以外，还有什么让罗马人民向保
民官索要土地和食物？在这种背景下，第一次和第二次格拉古革命，
以及由阿普雷乌斯（Apuleius）发起的第三次革命相继爆发。骑士阶层
与元老阶层之间在审判法问题上的激烈纷争，其中的原因还能是什么
呢？他们这样做无非是出于贪婪，企图通过国家收入和法庭诉讼为自
己捞取好处。这种情况导致了德鲁苏斯作出尝试，允诺给予拉丁人以
公民权，导致对我们同盟者战争的爆发。另外，是什么导致了我们对
奴隶的战争？无非是奴隶规模过于庞大。是什么导致角斗士军队起而 _217_
反对他们的主人？无非是一项奢侈的开支。这项开支旨在使平民沉溺
于对演出的爱好，从而获得他们的好感，于是最初的一种对敌人的惩
罚方式竟然被转变为一项技艺的较量。另外我要提一下那些不算太丑
陋的恶习，人们对官职的野心不是在财富的刺激下产生的吗？马略和
苏拉的动乱就是由财富引发的。另外，奢华的宴席和慷慨的赠礼难道
不是缘自财富吗？财富不是能立刻引起欲求吗？同时，也正是财富使
得喀提林反对他的祖国。最后，人们对权力与地位的贪图目的何在
呢？无非是用之不尽的财富。也正是财富以致命的火炬武装了恺撒和
庞培，点燃了摧毁共和国的烈火。因此，我们要按照顺序叙述与国外
战争截然不同的所谓的国内纷争。

卷 II

I. 论格拉古立法

13. 所有革命的最初原因都是保民官的权力。该职位最初正是为向平民提供帮助而设立，但实际上意在为自己取得统治地位。它在保护平民的幌子下，企图通过土地与谷物分配立法以及对审判权的处置赢得平民的支持与好感。所有这些措施看似公正。因为，应该让平民从元老院中取得真正属于他们的东西，从而使一个民族在战胜万国、占有整个世界之后，不至于被从自家的祭坛和炉边赶走，有什么能比这更加公正呢？应该让一个贫困的民族的国库得到维持，有什么比这更加公平呢？既然元老院控制诸行省，骑士阶层的权力至少应该包括审判权，有什么比这更加能够保障人人自由平等呢？然而，这些措施招致了罗马的毁灭，可怜的共和国由于自身的破坏而变成可以讨价还价的东西。审判权从元老手中转到骑士手中，降低了国家的岁入，即

帝国的祖产，而购买谷物是对国库这一国家生命之源的消耗。土地的占有者本身就是人民的一部分，他们所拥有的地产是以时效权这一准法律名义，从祖先那里继承而来，若不剥夺他们，平民如何能够重新获得土地？

II. 提比略·格拉古的革命

14. 内争的第一把火是由提比略·格拉古燃起的。他的出身、个人魅力以及口才都使他成为那个时代当之无愧的领袖人物。或许是因为他害怕与曼基努斯①一同被交给敌人(因为他曾作为条约履行的担保人),从而加入了平民派;或许是因为他以公平和正义为行事准则,因而怜悯被剥夺了土地的平民(〔意在使一个民族在战胜万国、占有整个世界之后,不至于被从自家的祭坛和炉边赶走②〕)。且不管动机如何,他迈出了极端危险的一步。当提出法案的时间临近时,他在大批人群的簇拥下登上讲坛。贵族们都在那里,通过自己的支持者反对他,他们又有保民官们③支持。然而,当格拉古见到盖乌斯·屋大维(Octavius)④准备否决他的提案时,便侵犯保民官同僚的权利和该职位的特权,用手抓住屋大维,把他从讲坛赶出去,就这样以死相威胁,迫使他辞去职位。他通过这种方式成功当选为分配土地三人委员会成员之一,然后在公民大会上要求延长任期,以便执行由他开始的工作。贵族们在那些被他剥夺土地者的帮助下反对他。屠杀在广场上开始了。后来格拉古在卡庇托躲避,并以单手放在头顶的姿势呼吁平民保护他的人身安全。然而,此举却使人们误认为他要称王和要求得到一顶王冠。于是,人民受到鼓动,拿起武器,在西庇阿·西卡的带领下,在法律外衣的掩护下将他杀死。

III. 盖乌斯·格拉古的革命

15. 此后不久,盖乌斯·格拉古燃起同样的热忱,要为其被杀的兄长复仇,并且捍卫他的立法。他通过同样的混乱和恐怖的方式,激

---

① 见英译本第 153 页。
② 这些文字在上一章中已经出现,或许在此处应该被忽略。
③ 即其他诸位人民保民官。
④ 李维、阿庇安和普鲁塔克都称他为马尔库斯·屋大维。

励平民去夺回他们祖先的土地，并许诺将最近从阿塔罗斯那里继承来的遗产来为人民提供口粮。第二次当选保民官后，他开始刚愎自用、肆意妄为，在平民的帮助下沿着胜利的道路前进。然而，当保民官米努基乌斯冒险阻止法令的通过时，他依靠支持者占据了卡庇托。此地已经被证明是其家族的灾难地。他失去了自己的党羽，然后被赶出那里，便前往阿文丁山丘，在那里被一群元老攻击，后来被执政官奥庇米乌斯(Opimius)①击杀。他死后尸体还遭到凌辱。杀害他的人还因人民保民官的这颗神圣的头颅得到了一笔赏钱。

IV. 阿普雷乌斯的革命

16. 无论如何，阿普雷乌斯·萨图尔尼努斯(Saturninus)继续推进格拉古的立法，因为他得到马略极大的鼓励。马略总是贵族们的一个可怕的敌人，并且有他的执政官职位做依靠。奥鲁斯·宁尼乌斯(Aulus Ninnius)②是阿普雷乌斯保民官职位的竞选对手，但在竞选过程中被他公开杀害。阿普雷乌斯试图以一个叫盖乌斯·格拉古的人取代宁尼乌斯。此人没有部落，没有担保，也没有名字，他试图借助一个假名字使自己混入格拉古家族的行列。阿普雷乌斯肆无忌惮地从事这些无法无天的暴力活动，他如此热忱地试图通过格拉古的立法，甚至逼迫元老院宣誓支持他，因为他威胁说拒绝支持者要被处以流放。然而，有一个人宁愿被放逐，他就是梅特鲁斯。他离开后，所有的贵族被彻底震慑。阿普雷乌斯现在已到了自己实行暴政的第三年，他变得完全肆无忌惮，甚至以一场新的谋杀来干扰执政官选举。为了让其暴政的支持者格劳基亚赢得执政官选举③，他命人谋杀他的竞选对手盖乌斯·美密乌斯(Memmius)。在继之而来的混乱中，他听到支持者

---

① 公元前121年的执政官。

② 名字不确定：阿庇安《内战史》，28)称他为诺尼乌斯(Nonius)，而瓦勒利乌斯·马克西穆斯(IX.7，3)称他为努尼乌斯(Nunnius)。

③ 公元前100年的执政官。

欢呼他为国王，内心大悦。最终元老院团结起来反对他，现任执政官马略本人也发现不能再保护他，便倒戈相向。两派在广场上以武器相互拼杀。阿普雷乌斯被赶出广场后，占领了卡庇托。他在那里被围攻，被切断供水，这时他通过自己的代表使元老院相信他对以前的所做所为感到悔悟，并率其党派的主要成员从卫城下来，被接入元老院议事厅。后来，人民冲入室内，用木棍和石头将他打杀，并在其临咽气之时将其碎尸。

V. 德鲁苏斯的革命

17. 最后，李维·德鲁苏斯不仅依靠保民官的权力，而且依靠元老院本身的权威以及整个意大利的同意，力图推行同样的法案。他逐个党派讨好，引发了如此大的动荡，以致动荡刚一爆发，他便无法承受，最终突然被杀，把这项斗争作为遗产传给了他的继承者们。格拉古兄弟通过他们的审判法在罗马人民中间造成分裂，使共和国产生了两个领袖，从而破坏了国家的团结。这一非常的权力[1]令公民领袖的命运与财富都掌握在罗马骑士手中，后者便借此通过盗用岁入随心所欲地掠夺国家。元老院因梅特鲁斯的被逐和鲁提利乌斯（Rutilius）[2]的被定罪而软弱无力，再无任何尊严之象。在这种局面下，塞尔维利乌斯·凯庇欧支持骑士阶层，李维·德鲁苏斯支持元老阶层。二者财力、气度和尊贵程度相当，而正是后者激发了德鲁苏斯的竞争欲望。确实，城中并未出现军帜、鹰帜（eagles）和军旗（banners），但同一座城市的市民隔离得泾渭分明，仿佛构成了两个阵营。首先，凯庇欧攻击元老院，指出贵族中的首要人物斯科鲁斯和腓力普斯，控告他们受贿。为了回击这一举动，德鲁苏斯以格拉古的法律为诱饵取得平民的支持，并用同样的手段使同盟者产生获得公民权的希望，从而使

231

---

① 即对法庭的控制。

② 奥鲁斯·斯凯沃拉在亚细亚忠诚的副将普布利乌斯·鲁提利乌斯·鲁弗斯于公元前 92 年被不公正地判罪并流放。

他们成为平民的支持者。一个有关他的说法流传了下来，那就是："他没有给任何其他人留下可供分配的东西，除非他想分配污泥和空气。"①法令的公布日临近了，那时突然间大量的人在各处出现，整座城市仿佛被一支敌军围攻似的。无论如何，执政官腓力普斯②冒险反对法令。然而，保民官的随从扼住他的咽喉不松手，直到他的嘴巴和双眼涌出血来。就这样，法令被以暴力的方式提出并通过。随即，同盟者们立刻要求获得提供支持的报酬。然而，德鲁苏斯轻率地引发了这次动荡，却无力收拾局面，又对这混乱的局势感到厌烦。此时死亡将他带走——他恰恰死在这样一个紧要关头。即便如此，同盟者们仍然不停止以武力向罗马人民索要德鲁苏斯所允诺的特权。

VI. 对同盟者的战争

18. 即使我们称这次战争为对同盟者的战争，以便减轻它所引起的恶感，然而，如果实话实说的话，那是一场对公民的战争。因为既然罗马人民中容纳了埃特鲁里亚人、拉丁人和萨宾人，并且延续了所有这些民族的血脉，那么它便形成了一个由不同成员组成的统一体，是一个由所有这些部分构成的单一民族。因此，同盟者在意大利境内发动叛乱，其所犯罪行如同公民在罗马城内反叛一样。当初，德鲁苏斯为了追逐权力，曾鼓励同盟者期待成为国家的一分子，因为正是通过他们的努力国家才得到扩张。因此，当他因公民同胞的出卖而倒下之后，当同盟者非常公正地要求公民权时，那些将他毁灭的木柴又点燃了同盟者，使之拿起武器进攻罗马城。有什么能比这场灾难更令人悲哀？有什么能比这场灾难更具破坏性？所有拉丁姆人、皮克努姆人、埃特鲁里亚人、坎帕尼亚人，最后所有的意大利人起而反对他们的父母城市。我们最勇敢和最值得信赖的同盟者，他们的精锐打着各

---

① 有关 *caenum* 和 *caelum* 的文字游戏不可能在英译本中得到完美展现。

② 公元前 91 年的执政官。

自的军帜，在那些最为卓越的首领率领下冲出各乡间市镇：波派狄乌斯（Poppaedius）率领马尔西人（Marsians）和派里格尼人（Paeligni），阿弗拉尼乌斯（Afranius）率领拉丁人，普罗提乌斯（Plotius）率领翁布里亚人，埃格那提乌斯（Egnatius）率领埃特鲁里亚人，特勒西努斯（Telesinus）率领萨姆尼乌姆人和鲁卡尼亚人。这个民族曾经是诸国王和国家的仲裁者，现在却无法统治他们自己，而亚细亚和欧罗巴的征服者罗马，现在受到来自科尔非尼乌姆（Corfinium）的攻击。

[同盟者的]第一个作战计划是在阿尔巴山的拉丁节（Latin Festival）①庆典上，在献祭过程中，在祭坛旁边谋杀两执政官尤利乌斯·恺撒和马尔基乌斯·腓力普斯②。这一罪行因叛变而被挫败，于是暴乱的全部怒火在阿斯库鲁姆爆发。在这里，当时来自罗马的代表在聚集来观看赛会的人群中间被屠杀。这一行动就成为他们发誓打响内战的宣言。号召武装起来的各种呼声传遍意大利各地的所有民族和城市，因为战争的领导者和怂恿者波派狄乌斯匆忙在各地之间辗转煽动。汉尼拔和皮洛士所造成的破坏也没有这么严重。看啊！奥克里科鲁姆（Ocriculum）、格鲁门图姆（Grumentum）、法伊苏莱（Faesulae）、卡尔塞奥里（Carseoli）、埃塞尔尼亚（Aesernia）、努克里亚（Nuceria）和皮肯提亚（Picentia）完全被烈火和刀剑废弃。鲁提利乌斯和凯庇欧的军队被击溃。尤利乌斯·恺撒本人丧失了自己的军队，流着鲜血被带回来，然后被抬着穿过罗马城中央并举行了可悲的葬礼。然而，罗马人民那巨大的好运得以全面体现，其程度超过以前所有不幸时期。他们采取各个击破的策略：加图击溃了埃特鲁里亚人，加比尼乌斯（Gabinius）击溃了马尔西人，卡尔波击溃了鲁卡尼亚人，苏拉击溃了萨姆尼乌姆人，而庞培·斯特拉波（Strabo）以烈火和刀剑废弃了整个乡下地区，不停地进行屠杀，直到阿斯库鲁姆被毁后，以某种方式为

---

① 即 *feriarum*。

② 公元前 91 年的执政官。

这么多军队、这么多执政官逝去的亡灵，以及为那些被废弃的城市中的诸神实现偿赎为止。

VII. 奴隶战争

19. 我们与同盟者作战本身是一种渎神的行为，即便如此，那我们也是与享有自由和出身自由人的人作战，但谁能够容忍由一个至高无上的民族对奴隶进行战争？罗马城的奴隶第一次尝试发动战争是在该城早期，当时奴隶的领袖是萨宾人赫尔多尼乌斯（Herdonius）。那一次，国家正在忙于应付保民官们所引起的麻烦时，卡庇托先是被围困，后来被执政官解救。然而，那是一次国内动乱，而非一场战争。很难相信，后来当帝国的兵力被用于世界各地时，西西里在一次对奴隶的战争中被残酷地废弃了，其残酷程度要甚于布匿战争。这片土地盛产谷物，这一行省坐落在我们的家门口，上面布满了罗马公民的大地产。无数的监狱用于安置耕地的奴隶以及戴着锁链耕作的苦力，这为战争提供了兵力。一个名曰尤努斯（Eunus）（我们所遭受的惨败使得他的名字被铭记）的叙利亚人假装因神灵附体而疯癫，他摇晃着自己蓬乱的头发以向叙利亚女神致敬，借口受诸神的指挥而激励奴隶武装起来争取自由。为了证明他是在神的启示下行事，他偷偷地在嘴里含了一粒塞满硫黄和火种的干果，通过轻柔的呼吸，在说话时喷出一道火焰。这一神迹使他首先从所遇到的人中征集到了 2 000 人。后来，当监狱被以武器强行打开时，他组成了一支超过 6 万人的队伍。为了满足那邪恶的欲念，他以国王的徽标装饰自己，还废弃了诸要塞、村庄和市镇，造成令人惋惜的破坏。他甚至攻占了大法官们的军营——这是战争中最可耻的事情。我也不会回避提及这些指挥官的名字，他们是：曼利乌斯、伦图鲁斯、皮索（Piso）和叙普塞乌斯（Hypsaeus）。于是，这些本应该被监工牵走的人，却对那些从战场上溃逃的大法官级别的将军穷追不舍。最后，在佩尔佩尔那的率领下，我们对他们施加了惩罚。此人击败了他们，并最终在恩那围攻他们，通过饥馑使之受到削弱，就像通过瘟疫一样有效。最后，佩尔佩尔那以脚镣、锁链和十字架报复了那些幸存的劫掠者。虽然对敌作战取得胜利，但他满足于举行一次欢呼凯旋式①，以免因提到奴隶而玷污了凯旋式的尊严。

　　该岛尚未被收复，在塞尔维利乌斯任大法官那一年，[奴隶的]指挥权突然从一个叙利亚人那里转到一个基里基亚人手中。一个牧人阿特尼奥（Athenio）杀了自己的主人，将奴隶们从监狱中释放，使他们形成一支有组织的武装力量。他自己身着紫袍，手持银杖，头戴王冠。他征集了一支军队。军队规模之庞大堪比他那狂热的前任的那支。他精力更加充沛，在为前任复仇的幌子下，劫掠诸村庄、市镇和要塞，又把奴隶们当做叛徒，发泄他的怒火，其残暴程度甚至超过对待奴隶的主人。他也击溃了大法官们的军队，占领了塞尔维利乌斯和鲁库鲁斯的军营。然而，提图斯·阿奎利乌斯②步佩尔佩尔那之后尘，通过切断给养使敌人被削弱到山穷水尽的地步，并在他们深受饥馑之苦时在战争中轻易地摧毁了他们的兵力。他们本可以投降，但由于害怕受到惩罚而自愿去死。我们无法对他们的首领施加惩罚，即使他活着落入罗马人手中，因为当众人讨论如何处置他时，这个阶下囚被争论者们碎尸。

VIII. 对斯巴达克的战争

　　20. 确实，一个人甚至能够容忍对奴隶的战争。因为即使由于环境的力量，他们可能遭受任何待遇，然而他们组织起来，就像一个人类③的阶级（即使是一个低等阶级），也可以被允许④获得自由这一赐福，像我们一样享受自由。然而，我不知道对由斯巴达克煽动起来的

---

　　① 小凯旋式。——中译者

　　② 其他作家称他为马尼乌斯·阿奎利乌斯。

　　③ 瓦罗曾指出奴隶是会说话的农具（《论农业》，I.17），但弗洛鲁斯在此处明确将奴隶定义为"人"。——中译者

　　④ 即通过被解放。

这次战争应该如何命名，因为他们的普通士兵是奴隶，而领袖是角斗士——前者是最卑贱的阶级，后者则尤甚之，因此他们除了给罗马造成损害，还带来耻辱。

斯巴达克（Spartacus）、克利克苏斯（Crixus）和奥伊诺马乌斯（Oenomaus）率 30 或更多的同业者冲出伦图鲁斯的角斗学校，逃出了卡普亚。当把奴隶们聚集到自己的麾下后，他们迅速召集起了超过 1 万人的追随者。这些人最初仅仅满足于逃跑，很快就开始产生了复仇的希望。吸引他们的第一个地点是维苏威山（此地对如此掠夺成性的怪物而言是非常适合的）。他们在那里被克罗狄乌斯·格拉布鲁斯（Glabrus）围困，便通过野葡萄藤编成的绳索经由山谷中的一条通道滑下山底，偷偷地逃出包围，然后出乎意料地发动袭击，夺取了将军的营地。后来他们进攻其他的军营，先是进攻瓦勒尼乌斯（Varenius）的军营，之后进攻托拉努斯（Thoranus）的军营。他们出没于整个坎帕尼亚。他们不满足于劫掠乡间房宅和农村，还抢夺了诺拉、努克里亚（Nuceria）、图里伊（Thurii）和美塔庞图姆（Metapontum），给当地造成极大的破坏。由于每天有新的力量加入，他们成为一支正规军，用柳条和兽皮制造粗笨的盾牌，在奴隶监狱中通过熔化钢铁铸造刀剑及其他武器。他们打算使正规军所需要的东西一应俱全，便抢劫所遇到的马群而使自己获得骑兵，又从大法官们那里缴获徽标和法西斯棒束，献给自己的领袖而未被拒绝。他们的领袖斯巴达克从一名色雷斯雇佣兵变成士兵，又变成逃兵，又变成强盗，最后，有赖身体强壮，他又成为一名角斗士。他还为在战争中阵亡的将领们举行了如同罗马将军规格的葬礼，并命令俘虏在他们的火葬堆旁格斗，仿佛他希望通过成为角斗表演的举办人而非角斗士，以清洗他以前的耻辱。接下来，他竟然进攻了执政官级别的将军们，在亚平宁山击败了伦图鲁斯的军队，在穆提那（Mutina）摧毁了普布利乌斯①·克拉苏的军营。受

① 较差的手稿读作盖乌斯，并且得到其他作家的支持。

这些胜利的鼓舞，他有了进攻罗马的计划——这本身便是我们的奇耻大辱。最后，在帝国所有资源的支持下，一支征剿这个角斗士的联合力量形成了。李锡尼乌斯·克拉苏（Licinius Crassus）捍卫了罗马的荣誉。我耻于称他们为我们的敌人，但无论如何，他们被克拉苏击败并打散，然后在意大利最边远的地区避难。他们在布鲁提乌姆（Bruttium）的角状地带被封锁，准备逃往西西里，但无法得到船只，于是打算通过独木舟和用柳条捆扎在一起的木桶渡过这洋流湍急的海峡。这一尝试失败后，他们最终实施了突围，最后像男人那样战死。在一个角斗士指挥下作战理应战斗至死[1]。斯巴达克自己像一位将军那样，在前列最为勇敢地战斗，最终倒下。

IX. 马略的内战

21. 罗马人民所有的不幸，目前唯一还没有发生的是他们在国内拔剑相向，公民们在罗马城中央和广场上战斗，就如同角斗士在竞技场里格斗一样。如果在如此的大恶中扮演主要角色的是平民领袖们，或者即便出身贵族，却秉性邪恶的领袖，那么这一灾难还是可以让人较为平静地忍受。这一次（哎呀！这是多么严重的罪行啊！），马略和苏拉，这一对时代的骄傲和荣耀，他们是怎样的英雄，怎样的统帅啊！但他们却用自己的高位来支持那极端错误的事业。

马略或苏拉的内战在三个不同星座下[2]进行，如果我可以这样表述的话。在第一阶段，斗争尚且属于一种温和而适度的暴乱，还不是战争，残酷的行径还仅限于对付两党的领袖；后来它变成一种更残酷而激烈的斗争，其中的胜利者对元老院的核心造成致命打击；最后，不仅是公民对公民，还有敌人对敌人，所有狂暴的界限都被超越，战争的怒火被整个意大利的资源所支持，仇恨尽情发泄着它的残忍，直

---

① *sine missione* 是一个角斗竞技的术语。

② 即出现了三个阶段的高潮和风暴。某些星座，如大角星和昴宿星团的升起，成为引起风暴的谚语。

到无人可杀为止。

战争的根源和起因是马略对职位的贪得无厌，这使得他通过苏尔庇基乌斯法攫取原本授予苏拉的行省。后者不能忍受这种伤害，立刻率领军团调转矛头，并推迟了对米特拉达梯的战争。他将队伍分列两队，分别从埃斯奎林门（Esquiline Gate）和科里纳门（Colline Gate）入城。两执政官苏尔庇基乌斯和阿尔比努瓦努斯（Albinovanus）①率领军队挡住苏拉的去路，并下令从城墙各处向其投射石头和矛矢，这时苏拉便向对方投掷燃烧的木柴，从而强行开辟了一条通道，并像一位得胜的将军一样占领了卡庇托卫城。此地逃避了被迦太基人和塞诺涅斯高卢人占领的命运，现在却被苏拉攻占。后来，由于元老院的一道法令，苏拉的敌人统统被宣布为国家公敌，于是他在法律的掩护下，对近在眼前的保民官②和反对党的其他成员采取了暴力措施。马略像逃亡的奴隶一样逃跑，仅以身免，或者说是命运女神将他保留下来，留待将来再战。

在科尔涅利乌斯·秦那（Cinna）和格奈乌斯·屋大维执政官年③，尚未熄灭的战火再度燃烧。这次实际上是由于两执政官之间意见的矛盾，当是否将被元老院宣布为公敌的人召回这一问题被提交给人民决议时，二人产生分歧。人们手持利剑参加公民大会，但当希望和平与安宁的一方获胜时，秦那逃离祖国，与自己的同伙汇合。马略从阿非利加返回，这造成他更大的不幸，因为他的被囚、身上的锁链、他的逃跑与被逐，所有这一切都极大地玷污了他的声望。于是，如此著名的一位将军，凭借他的威名将远近的人们聚集起来。人们甚至采取了不光彩的权宜之计，将奴隶和囚犯武装起来。这位将军毫不费力地组建了一支军队。就这样，马略企图通过暴力回到自己曾被以暴力赶出

_249_

_251_

---

① 苏尔庇基乌斯和阿尔比努瓦努斯都不是当年的执政官；苏尔庇基乌斯是公元前88年的保民官。当年的两执政官为苏拉和昆图斯·庞培·鲁弗斯。——中译者
② 英译者约翰·塞尔比·沃特森注道，此保民官所指显然为苏尔庇基乌斯。——中译者
③ 公元前87年。

的国家，虽然他的行为可能看似公正，但他的残酷行径玷污了他的事业。怀着对诸神和凡人的敌意，他卷土重来，首先攻陷了奥斯提亚——这是一座受罗马城庇护的城市，也是她的"养子"。马略百无禁忌地将其摧毁，使之废弃。后来，由秦那、马略、卡尔波（Carbo）和塞多留率领的四支大军进入罗马城。当将所有屋大维的军队从雅尼库鲁姆赶出时，他们立刻在一声令下后屠杀公民领袖以发泄心中的怒火，其残酷程度有甚于对付一座迦太基［或辛布里①］的市镇。执政官屋大维的头颅被展示于讲坛，前执政官安敦尼的头颅被摆到了马略的餐桌。恺撒和费姆布利亚（Fimbria）被杀于自家神祠。克拉苏父子互相看着对方被杀。拜比乌斯（Baebius）和努米托利乌斯（Numitorius）被刽子手用钩子挂住拖过广场。卡图鲁斯吞火［自尽］，从而避免了敌人的凌辱。卡庇托朱比特的祭司美鲁拉（Merula）以自己血管中喷出的鲜血玷污了神的脸。安卡利乌斯（Ancharius）在马略面前被戳死，因为当他向马略行礼致敬时，后者没有向他伸出那只决定他命运的手。② 马略第七届执政官③任期为 1 月 1—9 日，［短短的这几天时间］造成所有这些元老的死亡。如果他完成了职位一年任期的话，会产生什么结果？

在西庇阿和诺尔巴努斯（Norbanus）执政官年④，内乱的第三次风暴全面爆发。一方 8 个军团和 500 个武装大队严阵以待，而另一方的 ²⁵³ 苏拉正匆忙率其得胜之师从亚细亚返回。确实，因为马略对待苏拉的支持者过十残酷，那苏拉对马略的报复又会表现出怎样的残酷呢？双方的兵力首先在临近卡普亚的乌尔图尔努斯河（Vulturnus）遭遇。诺尔巴努斯的全部军队一触即溃，西庇阿的军队先是看到和平的希望，然后很快被击败。后来，执政官小马略和卡尔波⑤好像对胜利失去信

---

① 依据约翰·塞尔比·沃特森译本补足。——中译者
② 马略告诉随从，向他行礼而没有被回礼的人一律要处死。
③ 公元前 86 年。
④ 公元前 83 年。
⑤ 公元前 82 年的执政官。

心，但不甘心被消灭后却无从报复，便事先用元老院的血为自己亡灵献祭。他们将元老院议事厅包围，将元老们好像从监狱中一样赶出，准备处死。广场上、竞技场上以及神庙最深处，死亡者简直不计其数！维斯塔的祭司穆基乌斯·斯凯沃拉趴在女神的祭坛上，几乎被上面燃烧的火焰吞噬。萨姆尼乌姆人首领拉姆波尼乌斯（Lamponius）和特勒西努斯（Telesinus）正在抢掠坎帕尼亚和埃特鲁里亚，其残忍程度要有甚于皮洛士和汉尼拔，他们还在献身党派事业的幌子下公报私仇。所有敌人的兵力皆被击败，其中包括马略在萨克里波尔图斯的军队，特勒西努斯在科里纳门的军队。然而，战争的结束并非屠杀的结束，因为即使在和约缔结以后，刀剑仍在逞凶，对自愿投降的人的惩罚仍在继续。苏拉在萨克里波尔图斯（Sacriportus）和科里纳门屠杀了超过 7 万人，这并非一桩大罪，因为在战争中这是可以预料的。然

255而，他命人将已经投降的 4 000 名手无寸铁的公民杀死于公务别墅（Villa Publica）①。所有这在和平之中被杀害的 4 000 人，难道在数字上不超过另外那 7 万人吗？那些被随意杀死在罗马城各个角落的人们，他们的总数又有谁去统计呢？最后，弗非狄乌斯（Fufidius）建议应该允许某些人活下来，以便让苏拉发布命令，当时长长的公敌宣判名单被公布，骑士中的精华以及元老院成员中总共 2 000 人被选出并处死。这样的法令史无前例。讲完这些后，再去叙述下面的细节简直乏味：卡尔波与索拉努斯（Soranus）屈辱而终，普莱托利乌斯族人（Plaetorii）与维努雷乌斯族人（Venuleii）被处死②，拜比乌斯像一头野兽一样被人用手而非剑碎尸，那位将军的兄弟马略在卡图鲁斯墓前被挖去双眼，又被打断双腿双手，然后在逐渐被肢解的过程中逐渐死去。人们或许能够忍受个人所遭受的惩罚，但［所不能忍受的是］意大

---

① 一座位于马尔斯广场的建筑，用于接待外国使节。

② 此处普莱托利乌斯与维努雷乌斯皆为复数，指同一氏族内的一名以上的成员，但这些成员的内部关系并不明确。英译者约翰·塞尔比·沃特森作"卡尔波、大法官索拉努斯以及维努雷乌斯的死，如同儿戏"。——中译者

利一些最为著名的市镇竟然被拍卖，它们包括：斯波勒提乌姆
（Spoletium）、因特拉姆尼乌姆（Interamnium）、普莱涅斯特、弗罗伦
提亚（Florentia）。至于苏尔摩（Sulmo）这样一座长期以来的同盟者和
友好城市，苏拉没有依据战争的法则将它强攻或围困，而是犯下了一
桩卑鄙不公的罪行：他将该城市宣判有罪，又下令将其摧毁，就仿佛
下令将那些被判有罪的人执行死刑一般。

X. 对塞多留的战争 257

22. 与塞多留的战争是苏拉公敌宣判的遗毒，否则它还能是什么
呢？我不知道是应该称其为对敌战争还是内战，因为它是在一位罗马
将军的指挥下由鲁西塔尼亚人和凯尔特伊伯里亚人发动的。塞多留因
那毁灭性的公敌宣判名单而成为一个流放者和逃亡者，他是一个作战
勇敢但时运不济的人，他的不幸遭遇既在海上又在陆上。他在阿非利
加尝试了一下自己的命运，在巴列亚群岛尝试了另一次，然后把计划
扩展到包括大洋和幸运群岛的辽阔地区，最终武装起了西班牙。一个
勇敢的人很容易与其他勇敢的人联合起来，西班牙战士从未像在一位
罗马领袖指挥下这般斗志昂扬。然而，他并不以西班牙为满足，又把
目光投向了米特拉达梯和本都人民，并以自己的舰队帮助这位国王。
既然罗马以一位将军无法抵挡住他，那么这样的一位领袖为何要抑制
自己的勃勃雄心呢？格奈乌斯·庞培于是被派出帮助梅特鲁斯。他们
拖垮了塞多留的军队，在几乎整个西班牙追击他。战争耗日持久，而
且战局往往胜负难料。塞多留战败的原因与其说是他在战场上的指
挥，不如说是他手下的罪行和背叛。第一次遭遇战是在副将之间展
开。多米提乌斯和托利乌斯（Thorius）在一方负责指挥，西尔图雷乌
斯（Hirtulei）负责另一方的指导，后者在塞戈维亚（Segovia）战败，前
[二]者在阿那河（Ana）战败，然后双方的统帅在战争中进行了较量，
在劳罗（Lauro）和苏克罗（Sucro）两败俱伤。后来一支军队前去抢掠乡
下地区，另一支军队前去摧毁各座城市。就这样，由于罗马内部的纷 259

争，不幸的西班牙在罗马将军们手中受到惩罚，直到塞多留在军营中遭遇背叛，佩尔佩尔那被击败并投降，奥斯卡（Osca）、特尔墨斯（Termes）、乌里亚（Ulia）、瓦仑提亚（Valentia）、奥克苏马（Auxuma）和卡拉古里斯（Calagurris）（在经受了饥馑的所有极端折磨后最后一个投降）等城市成为罗马的附庸。这样，西班牙又恢复了和平。得胜的将军们企图使这场战争被视作对外战争，而不是内战，以便举行凯旋式。

XI. 雷必达指挥下的内战

23. 在马尔库斯·雷必达（Lepidus）和昆图斯·卡图鲁斯执政官年①，一次内战几乎刚一爆发即被平息。而点燃这场混乱的火星，无论多么不起眼，也还是从苏拉的火葬堆中迸发出来的。雷必达渴望改变现状，傲慢地想要废除那位伟人的措施。他的措施或许会被证明是正确的，只要他在实施过程中，能够不给共和国带来一场巨大的灾难。既然苏拉在独裁期间能够依据胜利者的权力，把敌人宣布为公敌，那么除了战争之外，还有什么理由能够使雷必达将幸存者召回？因为被宣判的公民，他们的产业已经被苏拉授予他人，这种占有即使是错误的，却有法律的外衣作为掩护，因此物归原主的要求无疑是想要打乱共和国刚刚平稳的秩序。病弱不堪、伤痕累累的共和国应该以某种方法获得休息，切不可因试图治愈伤口而将它揭开。雷必达以他那犹如战斗号角一样激动人心的演说令国家产生恐慌，然后动身前往埃特鲁里亚，在那里指挥他的武器与军队对抗罗马。然而，曾经在苏拉统治期间担任将领和旗手的鲁塔提乌斯·卡图鲁斯和格奈乌斯·庞培早已用另一支军队占领了穆尔维亚桥（Mulvian Bridge）和雅尼库鲁姆山丘。雷必达在首轮战斗中被这些将领迅速击退，并被元老院宣布为公敌，于是，他没有进一步流血牺牲，而是逃到埃特鲁里亚又辗转

①　公元前78年。

前往萨丁尼亚，最终在那里死于疾病和懊悔。胜利者们满足于恢复和平，这是在历次内战中极少发生的事。

XII. 对喀提林的战争

1. 喀提林(Catiline)产生了推翻自己祖国的邪念，其诱发因素首先是个人的奢靡生活，其次是随之而来的一贫如洗，最后是罗马军队正处在世界的尽头，罗马城无兵守卫这一条件所提供的有利机会。他试图谋杀元老，行刺两执政官，在罗马城各地纵火，掠夺国库，简言之，他试图彻底推翻整个共和国，并且怀有即使汉尼拔都没有想过的计划。他做所有这一切的同伙都有谁啊(噢，简直太邪恶了)？他本人是一个贵族，但这一点并不足道。库利乌斯、波尔基乌斯、苏拉、科特古斯(Cethegus)、奥特洛尼乌斯(Autronius)、瓦尔贡特乌斯(Vargunteius)以及隆基努斯，这些人有着怎样的家庭出身和尊贵的元老级别啊！——还有伦图鲁斯，他实际上正居大法官之职。所有这些人在他那残暴的罪行中充当了帮凶的角色。他们用碗斟满人血并转圈轮流饮下，以作为将阴谋者们绑在一起的凭证——此举本身便极端邪恶，而此举的目的又尤甚之。这一阴谋发生在西塞罗(Cicero)和安敦尼执政官年①，而前者的勤勉揭露了这一阴谋，后者的武力镇压了这一阴谋。若非如此，我们辉煌的帝国有可能走到尽头。关于这一残暴罪行的消息经由弗尔维娅(Fulvia)之口公之于众。她是一个毫无价值的娼妓，但不像她的贵族同伙那般应受谴责。执政官把元老们召集起来，然后发表了一通演说，控诉这个正在现场的元凶。然而，他的这一举动所造成的唯一结果是他的敌人离开了罗马，并且在离开时毫不掩饰地公开威胁说他所点燃的烈火在熄灭之后，将造成普遍性的毁灭。喀特林出发前去埃特鲁里亚，寻找曼利乌斯已经准备好的军队，并企图进军罗马城。伦图鲁斯预言自己将得到王权，因为西比林的诗

263

---

① 公元前63年。——中译者

文(Sibylline verses)已经预言王权当属于他的家族。他在全城中将市
民、火炬和武器部署完毕，为喀提林事前安排的那一天做好准备。伦
图鲁斯不满足于仅仅将罗马人卷入自己的阴谋，还怂恿当时恰好正在
罗马的阿罗布罗格斯人拿起武器，共同参与阴谋。这场阴谋的狂怒几
乎越过阿尔卑斯山，幸而来自那位大法官①的信这时被另一个背叛者
中途截获。这次背叛者是沃尔图尔基乌斯(Volturcius)。在西塞罗的
命令下，那些蛮族立刻被拘捕，那位大法官也在元老院中被公开宣判
有罪。当惩罚方式被讨论的时候，恺撒认为阴谋者应该因其自身地位
而被宽恕，加图认为他们应该被按罪论处。大家对后者的意见达成普
遍共识，于是叛国者们被绞死狱中。即使阴谋的一部分被这样剿灭，
但喀提林还是没有放弃自己的计划。他怀着敌对的情绪从埃特鲁里亚
进军罗马城，途中被安敦尼突袭。战斗的结果说明了战况是多么惨
烈：敌人没有一人活下来，每个人的尸体都躺在他在战斗中曾经坚守
的岗位上。喀提林的尸体出现于他的军队前面极远的地方，与敌人的
尸体混在一起。他就这样死去了，但如果他是为祖国而战并阵亡，他
的死会备极荣耀的。

XIII. 恺撒与庞培之间的内战

2. 现在，几乎整个世界都被征服，罗马帝国已经强大到不能被任
何外来势力打败的程度。于是，命运嫉妒这样一个在全世界至高无上
的民族，便使它武装起来毁灭自己。马略和秦那的狂怒实际上构成了
一个前奏，不过是在罗马城内的一次牛刀小试；苏拉所引起的风暴，
它所带来的霹雳波及了一个较大的区域，但也仅限于意大利。然而，
恺撒与庞培的狂怒犹如一场洪水或烈火，席卷了罗马城和意大利，后
来波及各部落和民族，最后影响到整个帝国。因此，它不能仅仅被称
为一次内战，也不能被称为一次同盟之间的战争，更不是对外战争，

---

① 即伦图鲁斯。

而更像是具备所有这些特征，而且比一场战争更为恶劣。① 一个人如果看这场战争的领导者，整个元老院都投向了一方或另一方；如果看参战兵力，一方是 11 个军团，另一方是 18 个军团，而且都是意大利的精锐力量；如果看同盟者所提供的帮助，一方拥有高卢和日耳曼征来的士兵，另一方拥有戴奥塔罗斯、阿利奥巴扎涅斯、塔尔孔狄莫图斯、科提斯、拉斯居波利斯②，以及色雷斯、卡帕多契亚、马其顿、基里基亚、希腊和整个东方的所有力量；如果看战争的持续时间，它进行了 4 年——与它所造成的危害相比，这是一个较短的时间；如果看战争覆盖的地域和空间，它自意大利开始，接着进入高卢和西班牙，后来从西方返回，在伊庇鲁斯和色萨利全力进行，然后又突然进入埃及，又从阿非利加出发对亚细亚杀了一个回马枪，最终回到西班牙，终于在那里结束。然而，战争的结束并不意味着党派憎恨的完结，这一问题一直没有消失，直到战胜者在罗马城里，在元老院里的被杀，战败者的怨恨得以化解为止。 *269*

同我们所有灾难一样，这一巨大灾难的原因也在于过分的好运。在昆图斯·梅特鲁斯和鲁基乌斯·阿弗拉尼乌斯执政官年③，罗马的声威遍及世界各地，当时罗马正在庞培的剧院庆祝它最近的胜利以及战胜本都人和亚美尼亚人的凯旋式。当时正如经常发生的那样，庞培所享有的过高权力在那些养尊处优的公民中间激起了一种嫉妒的情绪。梅特鲁斯征服克里特的凯旋式被剥夺了光彩④，而加图总是对手握权力的人侧目而视，他们开始谴责庞培并放声高呼反对他的诸项措施。这些烦恼使庞培与他们为敌，并促使他为维持既有的地位而寻求支持者。克拉苏恰好此时因出身、财富和曾经所处的高位而达到声誉的顶峰，而他还想继续扩充财富。盖乌斯·恺撒原本就以雄辩和勇敢

---

① 比读卢卡努斯，《法萨里亚》，I.1: *Bella per Emathios plus quam civilia campos*。

② 关于这些人名见索引。

③ 公元前 60 年。

④ 在庞培的命令下，被梅特鲁斯击败的敌人，他们的首领们没有在他的凯旋式上示众。

著称，这一名声又因身居执政官之职而有所强化①。然而，庞培的地位高于他们二者。于是恺撒渴望赢得地位，克拉苏渴望提高地位，庞培渴望保留地位，而每个人都渴望权力，便很愉快地达成一项旨在控制政府的协议②。因此，每个人都努力用其他人的支持为自己赢得荣誉，恺撒开始掌管高卢，克拉苏开始掌管亚细亚，而庞培开始掌管西班牙。他们拥有三支庞大的军队，这三位领袖协商决定对世界的统治。根据他们的协议，这一统治持续了 10 年，他们因相互畏惧而相互牵制。然而，克拉苏在对帕提亚人的战斗中兵败身亡③，恺撒的女儿、庞培的妻子尤利娅原先作为一条姻亲纽带，维系着岳丈和女婿的友好关系，后来也去世了④，于是对抗立刻产生。现在，恺撒的势力激起了庞培的嫉妒，而庞培的显赫也为恺撒所疾视。庞培不能容忍别人与自己平起平坐，而恺撒也不能容忍别人高于自己。哦！这简直就是罪恶！他们努力抢占天下第一的位置，仿佛偌大的帝国不能容纳他们两个人似的。于是，在伦图鲁斯和马尔克鲁斯执政官年⑤，原先的协议首次被打破。元老院——换句话说，是庞培——开始煽动指定一个人做恺撒的继承者，而恺撒也表示，若下一届［执政官］竞选能够考虑他的名字，他也不会反对庞培的意见。最近，平民保民官们在庞培的支持下通过法令，在恺撒不在场的情况下授予他执政官职位，然而，现在该法令又被庞培通过阴谋诡计秘密否决。恺撒又被督促尽快回城按照先例作为候选人参加选举。另外，恺撒则要求将这一法令付诸实施，又说若协议不能被很好地履行，他将拒绝解散军队。于是，元老院通过一条法令，宣布他为公敌。恺撒对此大为恼怒，决定以武

---

① 公元前 59 年。

② 弗洛鲁斯在此似乎认为"三头同盟"结成于恺撒当选公元前 59 年的执政官之后，但一般认为前者时间早于后者。——中译者

③ 公元前 53 年，克拉苏兵败卡莱。——中译者

④ 公元前 54 年，尤利娅死于分娩。——中译者

⑤ 公元前 49 年。

力捍卫他曾用武力赢得的一切。

内战的第一处战场是意大利，其诸要塞本已被庞培以轻装卫戍部 273
队占据，而恺撒的突然袭击势如破竹，所向披靡。战争的第一声号角
在阿里米努姆吹响：李波被从埃特鲁里亚赶出，特尔穆斯被从翁布里
亚赶出，多米提乌斯被从科尔菲尼乌姆赶出。如果恺撒能够在布伦狄
西乌姆奇袭庞培的话，战争就会兵不血刃地结束；而如果庞培未在夜
间从那被包围的港口入口逃脱的话，则会被捉拿。这是一个耻辱的故
事，因为最近还是元老院首领，和平与战争的仲裁者的人，现在却乘
船逃逸，在途中经受着风暴的袭击，船只几乎破散，而且他逃跑的路
径恰恰是他曾经举行过凯旋式的海上。元老们从罗马城中逃散，就像
庞培从意大利逃走那般令人难以置信。恺撒在进入罗马城的道路上发
现，由于他所引起的恐惧，沿途几近废弃。他使自己成为执政官①。
保民官们在开启圣库时表现迟缓，这时恺撒命人将门撬开，从而在取
得政府之前取得了罗马人民的岁入和遗产。

庞培被击溃并逃跑，恺撒决定在追击他之前为诸行省建立秩序。
他派副将们守护我们的谷仓——西西里和萨丁尼亚。高卢由他亲自建
立和平，现在已经没有战争。然而，当恺撒前去进攻庞培在西班牙的
军队，途中路过马西里亚时，竟然发现该城大门紧闭。这座不幸的城
市，即使渴望和平，畏惧战争，却不得不陷入战争。然而，因为它由
城墙保护，恺撒下令在他不在的时候要拿下该城。虽然这只是一座希 275
腊城市，却没有表现出柔弱的一面，它有勇气突破敌人的包围，焚毁
他们的战斗器械，甚至在海上与他们作战。然而，受权指挥战争的布
鲁图在海上和陆上把马西里亚击败并征服。马西里亚很快投降并被剥
夺了一切，只留下了他们最珍视的自由。

在西班牙，恺撒对庞培的副将佩特雷乌斯（Petreius）和阿弗拉尼
乌斯展开一场战争。此战战况瞬息万变，胜负久久未决，但伤亡并

---

① 公元前 48 年的执政官。

不多。佩特雷乌斯和阿弗拉尼乌斯曾驻扎在西科里斯河（Sicoris）畔的伊勒尔达（Ilerda），恺撒试图包围他们，使之与这座市镇隔绝。然而，春天泛滥的河水使他无法取得给养，于是他的军营面临饥馑之苦，因而围攻者本身仿佛被围困似的。与此同时，当河水恢复到以前安静的河道，使乡间对劫掠和战争大开门户后，他又一次猛烈地攻击敌人。敌人撤至凯尔特伊伯里亚时，恺撒紧追不舍，通过战壕、壁垒和随之而来的缺水迫使他们投降。就这样，近西班牙被收复，而远西班牙也没有过久地耽误恺撒，因为在5个军团被击败后，1个军团还能有什么作为呢？瓦罗自愿投降后，加狄斯、海峡以及大洋都对恺撒的幸运之星唯命是从。

　　然而，这位领袖不在场时，命运女神有时冒险与他［的军队］做对，比如说在伊利里库姆和阿非利加，仿佛故意通过别处败绩的对照，使他的胜利更为光耀。多拉贝拉和安敦尼曾受命守卫亚德里亚海277的入口，前者驻扎在伊利里亚海岸，后者驻扎在靠近库里克塔（Curicta）的海岸。当时庞培正控制着广阔的海域，其副将屋大维·李波（Libo）突然以庞大的舰队包围了他们二人的军队。饥馑迫使安敦尼投降。巴西鲁斯（Basilus）派出一些木筏援助他们，因为他在缺乏船只的情况下，这是最好的替代品了。然而，这些木筏被敌人通过潜在水中的绳索捕获，就像被用网打捞上来一样——这是庞培麾下的一些基里基亚人设计的新装置。然而，海浪冲走了其中的两条。其中一条载着来自奥庇特尔基乌姆（Opitergium）的军队，搁浅在浅滩上，从而提供了一个值得载入史册的事件。区区的1 000人面对将他们团团包围的军队的武器进攻，整整抵抗了一天的时间。当通过勇敢战斗无法杀出一条血路逃跑时，他们最终在军政官乌尔特乌斯的劝告下，为了避免被迫投降，互相进攻，杀死彼此。在阿非利加，库利奥也表现出了类似的勇敢，遇到了相似的灾难。他被派去收复那一行省，在击溃了瓦鲁斯并迫使其逃散后得意洋洋，但他无力对抗国王尤巴（Juba）和毛里塔尼亚骑兵的突然进攻。他的鲁莽导致一支军队的丧失。这位战败的将军本来有路可逃，但羞耻心使他选择了与自己军队同样的命运。

　　然而，命运女神注定这对冤家要正面遭遇：庞培选择了伊庇鲁斯作为战场，恺撒毫不迟缓地前来应战。在后方把所有的事物都安排妥当后，即使有隆冬季节的暴风雪阻路，他还是渡海前来参战，并扎营于奥里库姆。他发现由于缺乏船只，部分军队与安敦尼一道滞留布伦狄西乌姆。这部分军队的缺阵导致行动被延迟，对此他极不耐烦，以致即使海上狂风肆虐，他还是试图在深夜乘一艘轻便的侦察船渡海。当时的船长被这巨大的冒险行为所震惊，而恺撒对他所说的话一直流传到我们现在："你为什么害怕？你的船上载的是恺撒。"双方所有的兵力从四面八方汇聚而来，他们的军营互相离得很近。两位将军的计划差别迥异。恺撒生性激进，渴望决战，所以把军队摆成战斗序列，对敌人进行挑衅。有一次他封锁了庞培的军营，建成周长足有 16 英里的壁垒。然而，一支军队若能够控制海洋，从而获得各种充足的给养，围攻对它又能产生什么损害呢？另一次，恺撒对狄尔拉基乌姆发动进攻，但未见成效，因为单单是它的位置便使之坚不可摧。后来，每当敌人犯错时，恺撒就会不断地与之交战。当时百人队长斯凯沃拉表现出惊人的勇敢，他的盾牌曾遭受了敌人武器的 120 次打击。最终，恺撒劫掠了那些与庞培结盟的城市，攻克了奥里库姆、戈姆非以及色萨利的其他要塞。针对这些行动，庞培采取了拖延和避战的策略，试图通过剥夺给养的方式拖垮四面受困的敌人，并等待那位冲动的将军激情消退的时刻。然而，庞培这一有效的计划并未使他受益太久。士兵们抱怨他的无所作为，同盟者们抱怨战争的耗日持久，贵族们抱怨这位领袖的勃勃野心。于是在命运三女神的推动下，色萨利被选为决战战场，罗马城、帝国以及整个人类的命运被交给了这一在腓力比（Philippi）平原进行决战的决定。① 命运女神从未看到过如此多强

_____

　　① 弗洛鲁斯如维吉尔（《农事诗》，I.490）一样，似乎认为法萨里亚战役的战场与腓力比战役相同。这一混乱无疑是由于这两场决定性的战役都是在罗马的马其顿行省进行的，中间仅有几年间隔。

大、高贵的罗马人聚集在一地：两支军队共囊括了 30 万以上的人手，另外还有辅助军、国王和元老院。这场迫近的灾难的征兆，比以往任何时候都更为清晰地表现出来：用于献祭的牲畜从屠宰者那里逃跑，蜜蜂在军帜上聚集，黑暗在白天出现。庞培梦见在自己的剧院中，听到周围发出犹如捶打胸膛的鼓掌声。第二天早晨，他身着黑色斗篷出现在司令部——这是不幸的预兆。恺撒的军队从来没有比现在更热忱和振奋，第一声号角是从他的一边吹响的，第一件武器也是从他的一边掷出的。克拉斯提努斯（Crastinus）的投枪被认为是开启战斗的一击，他所受的伤极为奇特，这显示出他在战争过程中的热忱和勇猛，因为后来他被发现倒在死尸之间，口中被插入一把利剑。战争的过程也很是令人惊奇，因为虽然庞培在骑兵方面具有绝对优势，可以轻易包围恺撒，结果却使自己被包围。曾经有很长一段时间，双方在战斗中都没有占据优势，这时庞培命令他的骑兵从侧翼冲出，杀向敌阵。突然一声令下，［恺撒一边的］日耳曼步兵大队冲出来，勇猛地杀向正在冲锋的敌方骑兵，于是在这场战斗中，庞培的骑兵好似步兵，而对方却好像骑在马背上似的。［恺撒］一边屠杀对方撤退的骑兵，一边摧毁着对方的轻装步兵。后来［庞培军中的］恐慌扩散得越来越远，混乱在军中传播开来，于是［恺撒］对残敌的屠杀犹如秋风扫落叶一般完结，而［庞培］军队的规模是造成自身毁灭的最重要因素。恺撒穿梭于战场的各个角落，同时履行着将军和普通士兵的职责。他在骑马冲杀时所说的一些话语也保留了下来。"士兵们，攻击敌人的面部。"此话有些残忍，但对胜利而言明智而有效。他在追捕庞培（如果庞培军队的命运同样降到庞培身上，那会是他不幸中的大幸）时所说的"宽恕你们的公民同胞"仅仅是吹嘘之词。庞培耻辱地败逃，仅仅是为了承受更大的耻辱。他从色萨利的特姆培（Tempe）谷地骑马奔逃，乘一条小船来到莱斯博斯（Lesbos），在叙伊德拉（Syedra），在基里基亚的一块孤单的岩石上思索该逃往帕提亚、阿非利加还是埃及，最后在佩鲁西乌姆（Pelusium）海滩当着妻儿的面被刺杀。是一位最为卑鄙的国王在

宦臣们的建议下下令将庞培杀害。这个不幸的故事最终还要补充一个　*285*
细节：用剑杀他的人原是他军队中的一个逃兵，名叫塞普提米乌斯
（Septimius）。

庞培死后，谁能够不认为战争已经结束？然而，这场熊熊大火
的余烬在色萨利重新燃起，其势头更为猛烈。在埃及，一场反对恺
撒的战争爆发，但与党派斗争无关。亚历山大里亚的国王托勒密已
经犯了内战中最为严重的恶行，而且通过庞培被杀之事秘密与恺撒
签订了一纸友好条约。然而，命运女神要求为这样卓越的一位牺牲
者的亡灵复仇的机会马上出现。国王的姐姐克莉奥帕特拉拜倒在恺
撒的脚下，请求恢复她的那部分王国。这位少女的美貌将恺撒折
服。这种折服又为这样的事实所加强：她如此美丽，看起来似乎遭
到了冤枉，另外恺撒对那位国王心怀恨意。这位国王牺牲庞培是为
一个团体的命运，而丝毫没有考虑恺撒，如果条件合适的话，他肯
定会对恺撒做同样的尝试。当恺撒下令克莉奥帕特拉应该被恢复王
位时，他立刻在宫殿中被那些刺杀庞培的人包围。恺撒即使仅有少
数军队，还是以惊人的勇敢顶住敌人的大军压迫。首先，他对邻近
建筑和码头纵火，使攻击者的矛矢保持在一定的距离之外。后来他突
然突围占领了法洛斯（Pharos）半岛，又从那里下海，凭借惊人的好运
成功地泅水到舰队中比较靠近的一只船。或许是因为运气，或许是因　*287*
为故意设计，他将斗篷抛在身后的水面，使之成为敌人投枪和矢石的
目标。被舰队水手拉上船后，他立刻从四面八方进攻敌人，并为女婿
的亡灵向那个懦弱而卑鄙的民族复了仇。整场战争的指挥者和发动者
特奥多托斯（Theodotus），以及波提诺斯（Pothinus）、加尼墨德斯
（Ganymedes），这些甚至都不能算作人的怪物，在海上、陆地取道不
同方向逃跑，后来死去。国王本人的尸体被发现埋在泥浆里，他被通
过那身金甲辨认出来。

在亚细亚，也有一场新的动乱从本都爆发。命运女神好像故意这
样做以结束米特拉达梯的王国，以使恺撒征服他的儿子，就如庞培击

败那位父亲那样。国王法尔那克斯更多地倚赖我们的内争，而不是他自己的勇敢，率大军入侵了卡帕多契亚。恺撒进攻他，在一次战斗中将其粉碎——如果可以的话，我想用战争中的一部分这一表述，而不是一次战斗。此战中，恺撒就如霹雳一般，瞬间来到、打击、离去。恺撒曾说在发现敌人之前就将其击败，此语绝非虚夸。

对国外敌人的叙述到此为止。在阿非利加，恺撒对他的同胞进行了比在法萨里亚更为艰苦的斗争。就在阿非利加的海岸，奔涌的潮汐将失事一方的舰船残骸卷上来——残骸，实际上人们很难这样称呼它

289 们，而更应该称之为新的战争的原料。他们的兵力更多的是被打散，而不是被击败，他们统帅的命运本身强调了他们誓言的义务①，他们作为继任者，也并不比前任差。因为加图和西庇阿的名字足够响亮，可以取代庞培的位置。毛里塔尼亚国王尤巴也加入了他们一方，此举很明显是为了使恺撒能够将征服的脚步迈向更广阔的天地。法萨里亚和塔普苏斯(Thapsus)之间没有任何差别，只是后者范围更大。恺撒军队的进攻更加勇猛，因为他们对自庞培死后战争更为扩大而感到愤怒。而且，号手们在接到将军的命令之前擅自发出进攻的信号——这种情况以前从未发生。尤巴首先开始溃败，他的战象不熟悉战争，只是最近才被带出丛林，它们被号角那突如其来的声音所震惊，转过头来冲向了自己的军阵。军队立刻逃散，而将军们也没有勇敢作战而拒绝溃逃，但他们整个的阵亡数量却触目惊心。西庇阿乘一条船逃跑，但当敌人逼近时，他以剑刺穿自己的腹部，而当有人询问他在哪里时，他回答道："将军一切安好。"尤巴来到他的宫殿，次日与同时逃来的佩特雷乌斯举行了一场奢华的宴会。在餐桌上，在饮酒过程中，他要求对方杀死自己。佩特雷乌斯有足够的勇气成全国王和他自己，用二人的鲜血浸染了面前餐桌上的残羹剩菜以作为他们的葬礼宴席。

291 加图没有参加这次战斗。他在巴格拉达斯河畔驻扎，把乌提卡作为阿

---

① 即他们有为庞培复仇的额外义务。

非利加的第二防线。然而，当他收到他的党派兵败的消息时，毫不犹豫地像一位哲学家那样欣然自杀。他拥抱了自己的儿子和手下人，又将他们打发走，然后在灯光下阅读柏拉图那关于灵魂不朽的书①直到夜深。他睡了一会儿，大约在一更时②抽出剑来，反复刺向自己裸露的胸膛。此后，医生们为他热敷，因而必须用他们粗俗的手按住他们的英雄。他支撑着直到他们散去，然后撕开伤口，血流不止。他死去后，双手还捂在两次为自己造成的伤口上。

就好像到目前为止没有任何战争一样，战事和党派纷争重新爆发，而且西班牙[的激烈程度]超过了阿非利加，就像阿非利加超过色萨利那样。庞培派的领导者是兄弟二人，两个庞培取代了一个庞培，立即令该派人数大增。因此，没有什么地方的敌人比这里的更为难以对付，没有什么地方的战斗比这儿更加胜负难决。首先，副将级别的将军瓦鲁斯和狄狄乌斯在入海口交战。然而，舰船对大洋的斗争要远比它们互相之间的斗争艰难，因为大洋就像是在惩罚这疯狂的内战，造成两支舰队船只失事，同时毁灭。海浪、风暴、战士、船只和武器同时进行搏击的战斗是怎样恐怖的情景啊！还要注意一下战场恶劣的自然环境——西班牙海岸近在一边，而毛里塔尼亚的海岸在另一边，内海和外海，赫丘利的瞭望塔俯瞰着两军，而周围尽是战斗和风暴在施威。此后不久，两军向不同的方向分散以围攻那些不幸的城市。它们在双方领袖之间动摇，为与罗马的同盟付出了沉重的代价。最后的决战发生在孟达。这一次，恺撒丧失了以往的好运，而战斗也持续了相当长时间，胜负难决而令人忧虑。这种情况使人觉得命运女神看来好像很明显是在思虑某件奇怪的事情。恺撒自己在战前也表现出前所未有的沮丧，这或许是因为他考虑到军队已经明显人困马乏，或许是

293

---

① 《斐冬篇》。
② 关于小加图自杀的时间，弗洛鲁斯认为为夜深之时，普鲁塔克也认为是在午夜之后，即后半夜或凌晨，因为当时鸟儿开始鸣唱（《小加图传》，70）。如此一来，弗洛鲁斯"一更时"的说法便与前文形成矛盾。——中译者

因为他怀疑好运伴随自己这么久之后是否还会继续，再或许是因为他考虑到自己开启了与庞培相同的事业，因而害怕同样的命运降临到自己的头上。在战斗中发生的一件事在人们的记忆中前所未有：两军势均力敌，长时间内只是互相砍杀，突然，在战斗白热化时，两军就像实现默契一样安静下来，每个人都好像在问自己"所有这一切何时结束？"最后，一种前所未有的耻辱现象出现在恺撒面前：他那久经沙场的老兵团队即便已经服役 14 年，现在却退却了。他们即使尚未溃逃，却明显是在羞耻心而非勇敢的支持下继续抵抗。恺撒将自己的战马放跑，然后像一个疯子一样冲向前去，来到前线，在那里抓住那些正在逃跑的人，鼓励旗手，进行乞求、劝告和指责。一句话，他穿过自己的阵列，向各处扫视、做着各种手势和大声叫喊。在如此的混乱中，据说他甚至考虑过自杀，他的表情也表明他要结束自己的生命。仅在那时，敌人的 5 个大队被拉比耶努斯（Labienus）派出保护那正处危险之中的军营，他们穿过战场，产生了逃跑的表象。恺撒或许是真的相信敌人正在逃跑，或许是聪明地利用了这一突发事件，为自己的士兵打气，为敌人泄气，因而使得当时他的士兵认为敌人正在溃逃，已被击败。他的手下一旦认为已经大获全胜，便更为勇敢地前进，而庞培一派则认为他们一方已经开始败退，于是也开始溃逃。胜利者在对敌人的屠杀中表现得极其狂暴和残忍，下述事实可以作为证明：敌人的逃兵撤到孟达时，恺撒立刻下令将败逃之敌围困，用投枪等投射武器将尸体穿插在一起，筑成一道壁垒——这种方式即使作为权宜之计被用来对付蛮族都是可怕的。庞培的儿子们很明显对胜利已不抱幻想。格奈乌斯·庞培从战场上逃脱，并且腿受了伤，他在寻找偏僻荒凉、人迹罕至的地方避难时，被凯索尼乌斯（Caesonius）在劳罗市镇附近捉拿并杀死，但仍显示出足够的抵抗精神。命运女神允许塞克斯图斯·庞培在这时仍然躲藏在凯尔特伊伯里亚，并将他留到恺撒的时代后继续从事战争。

恺撒胜利回国，并庆祝了他战胜高卢的第一次凯旋式，其间展示了刻有莱茵河、隆河以及被征服的大洋的黄金雕像。第二次凯旋式是庆祝战胜埃及。这一次，尼罗河、阿尔西诺伊（Arsinoe）①以及用假火焰点亮的法洛斯灯塔被在移动的平台上展示。第三次凯旋式是庆祝战胜本都的法尔那克斯。第四次凯旋式展示了尤巴和毛里塔尼亚的战败以及对西班牙的两次征服。法萨里亚、塔普苏斯以及孟达（Munda）没有被展示。然而，恺撒没有举行凯旋式的那些胜利又是多么伟大啊？

在这一刻，战斗终于结束，继之而来的和平不再有流血，仁慈为战争做了补偿。没有人在恺撒的令下被处死，只有下述例外：阿弗拉尼乌斯（恺撒曾宽恕他一次已经足够）、法乌斯图斯（Faustus）·苏拉（因为庞培的例子已经教会恺撒害怕女婿了）②，以及庞培的女儿和她与苏拉的孩子③，因为恺撒要永绝后患。恺撒的公民同胞们对恺撒感谢不已，他们将各种荣誉加到他的头上，将其作为唯一的统治者。他的雕像被立在各座神庙；他在剧场中戴着一顶镶有光线标的王冠；他在元老院中有一个高出众人的座椅；他的宅邸被增加了一面高耸的山墙；他的名字被用来为日历中的一个月份命名。除此之外，他被称为祖国之父和终身独裁官。最后他在讲坛前被安敦尼敬献王权的徽标——即使此举是否由他授意并不清楚。然而，恺撒注定要死去，而所有这些只是堆在这个牺牲者身上的装饰品，因为他引起的嫉妒对人们的影响要远胜于他的仁慈，而他用于帮助别人的权力对自由公民来说是不可容忍的。他的统治未能持久。布鲁图和卡西乌斯以及其他的元老一起密谋杀害他们的领袖。命运的力量是多么的强大啊！这一阴谋实则广为人知。就在刺杀他的当天，关于行刺阴谋的信息被写下来递给他。他即使做了 100 次献祭，也不能获得吉兆。他迈进元老院时

299

---

① 克莉奥帕特拉的姐妹，她真的出现于凯旋式的行列中（狄奥·卡西乌斯，XLIII，19）。

② 庞培与尤利娅结婚，成为恺撒的女婿；但法乌斯图斯·苏拉与恺撒没有任何姻亲关系，因为他与庞培和另一位妻子的女儿结婚，而尤利娅没有子嗣。

③ 希尔提乌斯（Hirtius），《阿非利加战记》，95，彼处说恺撒宽恕了庞培的女儿和她的孩子们。

还在思考着对帕提亚的战争。他坐到他的显贵圈椅上时，受到元老们的袭击，身受 23 处伤倒地身亡。就这样，一个曾将公民的鲜血洒满全世界的人，最终将自己的鲜血洒到了元老院。

XIV. 恺撒·奥古斯都治下的政府

3. 罗马人民在庞培和恺撒被杀后，看来好像回归到他们以前的自由状态了。他们本可以这样做，如果庞培没有留下子嗣，恺撒也没有继承人，如果安敦尼没有在接下来的时间里重新造成战火和风暴的话。安敦尼曾是恺撒的同僚，后来又成为其权力的竞争者，他所造成的危害乃是比前二者更致命的。然而，塞克斯图斯·庞培企图重获父亲的遗产，结果令恐慌传遍整个海域；屋大维企图为父亲报仇，于是色撒利再度陷入动荡；安敦尼如往常一样性情变化无常，既不能容忍屋大维作为恺撒的继承人，又因为对克莉奥帕特拉的爱欲而堕落成一个国王，而……①因为罗马人民除了在谄媚中寻求庇护外，无法找到自救之途。然而值得庆幸的是，在这次巨大的变乱中，大权转到了屋大维·恺撒·奥古斯都而不是其他人的手中。他依靠智慧和手腕在这全面陷入瘫痪和混乱的帝国之中恢复了秩序。当然，帝国若不是被独一的统治者控制，由他充当灵魂与头脑的话，决不能实现和谐与团结。在马尔库斯·安敦尼和普布利乌斯·多拉贝拉执政官年②，在国内变乱横生之际，命运女神已经将罗马帝国转交给了恺撒。就像在天空年复一年地运转的各个星座，它们通过自己的运动造成了雷电，并通过风暴让人们知道它们位置的变化。同样，在罗马统治权的转变中，整个世界、帝国的身体颤动不已并被各种危险、战争所扰乱。这些战争包括内部战争、对外战争、对奴隶的战争，既有海战也有陆战。

---

① 最佳手稿此处有缺失。
② 公元前 44 年。

XV. 穆提那战争

4. 内争的第一个原因是恺撒的遗嘱。他的第二顺位继承人安敦尼因屋大维排在自己前面而怒火中烧，他不顾一切地发动了一场战争，*303* 以阻止这个心志高傲的年轻人被收养。安敦尼见屋大维年龄不过 18 岁，只是一个稚嫩的小伙子，很容易成为其不公行为的牺牲品。他又认为自己因长期在恺撒麾下服役，应该享有绝对的威望，于是开始夺取屋大维的继承权，对他进行人身攻击，用自己权力所能及的各种方法阻止他被过继入尤利乌斯氏族。最终，他公开诉诸武力，企图粉碎他那年轻的对手。他组织了一支军队，包围了德基穆斯·布鲁图，因为后者正在山南高卢阻止他的行动。屋大维·恺撒以自己的年轻、自己所受的伤害以及他所用的尊贵名字赢得民意，他号召老兵武装起来，而且令人难以置信的是，他即使没掌握任何职位，却对执政官进行攻击，通过为穆提那解围而缓解了布鲁图的压力，还占领了安敦尼的军营。这一次，他确实通过个人的一个勇敢举动显示了自己的顽强意志，因为即使负伤流血，他还是从一个垂死的旗手那里接过鹰帜，将其扛回军营。

XVI. 佩鲁西亚战争

5. 向士兵分发土地的行为引发了另一场战争，因为恺撒向他父亲的老兵分配了土地作为他们服役的报酬。即使安敦尼的天性总是邪恶的，但这一次，是他的妻子弗尔维娅在腰间佩带着丈夫战场杀敌的剑，对他进行了更大的怂恿。于是他煽动那些被剥夺了土地的农民，*305* 激起了进一步的对抗。随后，他被宣布为公敌。这一决议不仅是个别公民的主张，而且被整个元老院的投票通过。恺撒攻击他，将其赶进佩鲁西亚（Perusia）的城墙，实行了造成饥馑的羞辱性策略。安敦尼尝试了各种应急措施，最终投降。

三头政治

6. 单是安敦尼本身足够对和平和共和国造成威胁，雷必达又加入了他一边，从而令局势如同火上浇油一样。[恺撒]对两位执政官和两支军队能做什么呢？他被迫成为一个可怕的[政治]同盟中的一员。三位领袖在目标上的不同就如他们在性格上的不同一样。雷必达意在攫取财富，想从共和国的混乱中发财；安敦尼渴望向宣布他为公敌的人报复；而恺撒受下述情况的刺激：他杀父之仇未雪，而布鲁图和卡西乌斯的继续存在是对父亲亡灵的一种侮辱。在为这些目标而确立的协议之下，三位领袖之间达成了和解。在佩鲁西亚和波诺尼亚之间的河流交汇处，他们互相握手，各自的军队也互相致敬。三头政治（triumvirate）的形成遵循了一个恶劣的先例①，它以武力推翻共和国体制，将苏拉的公敌宣判政策恢复。其暴行最著名的举动是屠杀了元老 140 余名。世界各地触目惊心、野蛮残忍和令人惋惜的死亡等待着那些逃脱的人。安敦尼对其叔父鲁基乌斯·恺撒以及雷必达对其胞弟鲁基乌斯·鲍鲁斯实施公敌宣告，有什么样的哀恸能够弥补这样的耻辱？在罗马，将被处决的人的头颅摆放在讲坛示众早已成为惯例，但即便如此，公民们在看到西塞罗的头颅被割下后放上他自己的讲坛时，却也不能抑制自己的泪水。人们涌过来注视着他，正如从前他们习惯于聚集起来听他演说一样。所有这些罪行是安敦尼和雷必达公敌宣判名单所造成的结果。恺撒只满足于宣判刺杀其父亲的凶手，因为他深怕杀父之仇若不洗雪，父亲会被认为死有余辜。

307

XVII. 对布鲁图和卡西乌斯的战争

7. 布鲁图和卡西乌斯将恺撒推下王位，似乎就像推翻另一位塔克文王一样。然而，虽然他们最大的愿望是恢复自由，却通过这一谋杀

---

① 即先前恺撒、庞培和克拉苏的三头政治。

举动恰好摧毁了自由。犯事之后，他们害怕恺撒的老兵——这并非没有理由，因而立刻离开元老院议事厅，在卡庇托寻求庇护。恺撒的老兵们并非没有勇气为恺撒复仇，但他们目前还缺乏一位领袖。于是，既然威胁共和国的灾难已经显而易见，复仇的想法便遭到了否决，即使凶手遇到了谴责。在西塞罗的提议下，国家通过了大赦。然而，为了避免冒犯悲伤的民众的目光，凶手们撤到了叙利亚和马其顿。这原本是授予恺撒的行省，但后者已被他们谋杀。就这样，为恺撒复仇的行动被耽搁，而并未被放弃。 *309*

共和国的治权被在三头之间分配，这是时势发展的结果，但绝非一个正常结果。恺撒和安敦尼准备对卡西乌斯和布鲁图作战，而雷必达仍留在后方守卫首都。布鲁图和卡西乌斯聚集了大批兵力，占领了格奈乌斯·庞培曾经的折戟沉沙之地。① 这一次，关于即将发生的灾难也不缺乏威胁性的朕兆。一群蜜蜂聚集在军帜上；通常以腐肉为食的鸟类在军营上空盘旋，仿佛已经将他们作为自己的猎物；他们的军队在赶赴战场的过程中遇到的一个埃塞俄比亚人（Ethiopian），则是再明确不过的灾难朕兆。另外，当布鲁图依据习惯，身旁摆着一盏灯在夜间沉思时，一个模糊的黑影出现在他面前。当布鲁图问它是谁时，它回答道，"我是你的恶灵"，然后从他惊异的目光中消失了。恺撒军营中的鸟儿和牺牲都清楚地显示出吉兆。最令人惊奇的是，恺撒的医生在梦中得到警告，说恺撒应该放弃自己的军帐，因为它即将被攻占。此事确实发生了。当时一方两位将军都在现场，另一方有一位将军②因患病，另一位将军③因害怕和胆怯而缺阵。战斗开始后，双方 *311* 以同样热忱的斗志对抗了一段时间后，那位复仇者以及冤仇待雪者的

---

① 见英译本第 280 页注释。

② 奥古斯都。

③ 安敦尼。普鲁塔克（《安敦尼传》，22）只是提道："根据某些人的说法，安敦尼没有参加本次战斗，而且没有进入战场，直到他的部下已经开始追击敌人为止。"

英译者爱德华·西摩·弗斯特将普鲁塔克此段文字出处作《安敦尼传》，28。——中译者

无敌好运支持了他们的事业，这为战斗结果所证实。最初，战局如此不明朗，危险同样威胁着双方，一方恺撒的军营被攻占，而另一方卡西乌斯的军营被攻占。然而，命运与勇敢相比要多么有力啊？垂死的布鲁图用最后一口气说道：美德不在于事实，而仅在于名声。[①] 此话是多么正确啊?！一个错误决定了这次战斗的胜利归属。卡西乌斯军队的一翼看到骑兵在攻占了恺撒的军营后全速后退，便为他们让路。这时卡西乌斯便认为他们是在溃逃，随即撤向一处较高的地点。就在此时，尘土、混乱和正在降下的夜幕使他无法看清眼前的一切，而且，他所派出刺探情报的侦察兵迟迟未归，于是他认为大势已去，便让站在身边的一个人砍下自己的头颅。布鲁图因卡西乌斯的死而失去自己的灵魂，为了履行他们的协定（因为他们达成协定，任何人不得在战争中独活）的每一个细节，将自己的肋部暴露给自己的一个战友，让他用剑刺进去。这些明智而勇敢的人竟然不亲手自裁，对此谁能不感到惊奇呢？然而，这或许进一步证明了他们所坚持的哲学信条，即不能让自己的双手沾染血污，但为了毁掉自己勇敢而虔敬的生命，即使是自己决定赴死，他们还是应该借助别人的双手犯下这一罪行。

XVIII. 对塞克斯图斯·庞培的战争

8. 即使刺杀恺撒的凶手这样被铲除了，但庞培的家人依然存在。他的一个年轻的儿子[②]在西班牙阵亡，但另一个儿子[③]成功逃脱。他将战败后的幸存者聚集起来，又将奴隶和囚徒武装起来，然后占据了西西里和萨丁尼亚。他还用自己的舰队控制了中间的海域[④]。然而，他和父亲之间的区别是多么大啊！父亲清除了基里基亚的海盗，而儿

---

① 此处引文极不恰当，因为 *virtus* 被布鲁图解作道德上的美德，而弗洛鲁斯将其解作军事上的勇敢。

② 格奈乌斯·庞培，小庞培。——中译者

③ 塞克斯图斯·庞培。——中译者

④ *medium mare* 似乎是指罗马帝国中间的海域，即意大利邻近地区的海域。

子却通过海盗行为保护自己。他破坏了普特奥里、弗尔米埃和乌尔图尔努姆（Vulturnum），一句话，他蹂躏了坎帕尼亚的所有海岸、庞普提努斯沼泽、埃那里亚（Aenaria）甚至还有第伯河口。后来，遇到恺撒的舰队后，他将其焚烧并击沉。不仅庞培本人，就连他任命掌管舰队的卑下奴隶美那斯和美涅克拉特斯都沿所有的海岸突然出击搜寻战利品。为了答谢这些胜利，他在佩罗鲁姆用 100 头双角贴金的公牛献祭，并将一匹活马连同一批黄金一起投到海峡中，作为献给涅普顿的礼物，以利诱这位海洋的统治者允许自己在他的领域内进行统治。最后，危险变得如此之大，于是我们与敌人缔结了和平条约——如果庞培的一个儿子可以被称为敌人的话。曾几何时，一项协议在拜亚海岸的堤岸上达成，允许他回归并归还其财产；曾几何时，人们应邀登上他的舰船共进晚餐，当时他责怪自己的命运，说道："我生活的地方有龙骨（carinae）"——这是一种诙谐的表述①，因为他的父亲曾生活在首都最繁华的城区卡里奈（Carinae），而他自己的房宅和家神在一条船上颠簸。在那样的时候，人们是多么的欢悦啊（虽然只是短暂的）！然而，由于安敦尼的无礼，又由于来自庞培地产的战利品被他购买并挥霍，塞克斯图斯无法重新获得产业，所以开始不履行协议的条款。于是为对付这位年轻的首领，资源不得不被重新武装起来，罗马以帝国的所有资源组建了一支舰队。对战斗的准备在一个很大的范围内进行着。人们挖穿赫丘利大道，又掘通海岸②，将鲁克里努斯湖变成一座港口，又通过清除中间的土地，将阿维尔努斯湖与它连为一体。这样做是为了一旦在这些静止水域作战，舰队可以有海战的表现。那位年轻的首领被这优势兵力逼迫作战，并在西西里海峡战败，如果他没有打算卷土重来的话，会带着一位伟大领袖的英名进入坟墓。然而，天

315

---

① *carinae*（龙骨）的文字游戏不可能在英译本中得到完美展现，这同时也是罗马一个城区的名字。

② 即原先有一条狭窄陆地位于鲁克里努斯湖与大海之间，其上又有道路（赫丘利大道）连接拜亚与普特奥里；现在这条陆地被挖通。

才人物的特点是从不失去希望。当阵地已彻底令人绝望时，庞培逃走并乘船前往亚细亚，但是在那里落入敌人手中，遭受监禁之苦，体会了能够降临到一位勇士身上的最悲惨的命运，即在敌人的命令下死于³¹⁷刽子手的剑下。在薛西斯之后，那里没有出现过如此可悲的溃逃：一个人刚刚还是350艘舰船的主人，但在逃跑的时候只带领着六七艘船只。他将旗舰上火光熄灭，将戒指投入海中①，焦虑地往身后观瞧，虽然他唯一的恐惧是无法去死。

XIX. 文提狄乌斯指挥下对帕提亚的战争

9. 即使恺撒通过击败卡西乌斯和布鲁图而摧毁了共和派，而且通过战胜庞培彻底清除了这个名字，而只要安敦尼还活着，他就仍未实现稳固的和平。因为安敦尼是横在他前进道路上的一块绊脚石，一个尚未解决的问题和一种对公共安全的障碍。② 然而，他终于因自己的恶行而自取灭亡。不仅如此，他还在野心和贪欲的驱使下无所不为，于是首先使自己的敌人，接着使广大公民，最终使他所生活的时代摆脱了他所引起的任何恐惧。

帕提亚人因克拉苏的灾难进一步增强了信心，他们听说罗马人内部起纷争之后更是欣喜若狂。所以只要有一丝希望，他们就毫不犹豫地发难。实际上是拉比耶努斯邀请他们这样做的，此人被卡西乌斯和布鲁图送到了帕提亚，督促罗马的敌人协助他们——这就是他们的疯狂举动。在一位年轻的君主帕科鲁斯（Pacorus）的率领下，他们将安³¹⁹敦尼的驻防军驱逐出来，而后者的一位副将萨克萨（Saxa）认为是自己的剑使自己没有落入敌手。最后，叙利亚被从我们这里夺走，而麻烦

① 文意似乎是塞克斯图斯·庞培将戒指丢弃，以防被捉拿时被通过戒指辨认出来。然而，有些评论家认为文中所指为桨手们所戴的镣铐（马尔提亚利斯，xiv. 169 中 anulus 即取此意），当时被除去以防发出声响。

② Nodus et mora 显然为维吉尔，《埃涅阿德》，x. 428，pugnae nodumque moramque 的追忆。

似乎会扩散得更广，因为敌人在帮助别人的借口下从事自己的征伐。然而，安敦尼的另一位副将文提狄乌斯(Ventidius)以惊人的好运在幼发拉底河与奥隆特斯河(Orontes)之间的整片地区数次击败拉比耶努斯的兵力、帕科鲁斯本人以及所有的帕提亚骑兵。敌人被击败的兵力总计超过 2 万人。这次大败敌军过程中，将军的谋略并非没有建功，因为他令军中假意慌乱，允许敌人接近军营到极近的距离，从而使他们的弓箭没有施展空间，因而无法使用。国王勇敢战斗至死。他的头颅被带着绕叛乱的诸城市示众后，叙利亚没有经过进一步的战斗即被收复。就这样，我们为克拉苏被帕科鲁斯杀害的灾难进行了偿赎。

XX. 安敦尼指挥下对帕提亚的战争

10. 现在帕提亚人和罗马人既已进行了相互考验，克拉苏和帕科鲁斯各自证明了对方的强大，于是双方在互相尊敬的前提下重建了友谊，安敦尼与国王缔结了条约。然而，此人过于好大喜功，渴求新的荣誉头衔，希望将阿拉克塞斯河(Araxes)和幼发拉底河镌刻在自己的雕像之下，所以在没有任何原因和计划，甚至没有寻找托词宣战的情况下，他离开叙利亚突然进攻帕提亚人，就好像偷袭是统帅艺术的一部分似的。帕提亚人既狡猾，又对自己的武器充满自信。他们假装惊慌失措，穿过平原逃窜。安敦尼立刻追击他们，他认为自己已经大获全胜。然而夜间，当他的军队因长途奔袭而疲倦时，突然间一支不是很大的敌军就像一阵暴风雨一样袭向他的军营，并从四面八方射来箭雨，击溃了他的 2 个军团。第二天罗马人面临着史无前例的灾难威胁。幸而诸神出于怜悯而进行了干预：一个从克拉苏的灾难中幸存的人，穿着帕提亚人的服装骑马来到军营，用拉丁语向他们打招呼，通过说共同的语言赢得了信任，然后他向罗马军阐明了即将到来的危险。他说国王会很快率领全部兵力来袭，因此，他们应该撤退并前往山上，即便这样做，他们所遇到的敌人也不会太少。结果是比预料中要少的一支敌军赶上他们。然而，这支敌军确实赶上了他们，而且眼

321

看就要消灭他们剩余的兵力。在矢矛如冰雹一般向他们倾泻而来时，一些士兵恰好跪下来，并将盾牌举到头顶假装死人状，就好像被训练得这样做似的。这样，帕提亚人就不再使用他们的弓箭了。后来，罗马人再次站起来，看来好像奇迹一般，于是一个蛮族大喊道："走吧，罗马人，再见了。有传言说你们对各民族作战都是成功的，此话不假，因为你们成功地避开了帕提亚人的箭。"接下来罗马人在行军途中所遭受的损失与敌人造成的损失相当。首先，这一地区水源缺乏本已致命，但更要命的是有些人所饮的竟然是咸水；其次，当他们身体极度虚弱而贪婪地饮水时，甚至淡水都有害了。后来亚美尼亚的日晒、卡帕多契亚的降雪以及从一种气候到另一种气候的突然转变，所有这一切也如瘟疫般有害。后来，6 个军团所剩几乎不足三分之一，安敦尼的银盘被用斧钺劈开分掉，这位著名的将军好几次请求他的持剑者杀死他。最后，他终于逃到叙利亚，在那里，他的心理发生了极大的扭曲，反而变得更加自信，好像他通过逃命而大获全胜似的。

XXI. 对安敦尼和克莉奥帕特拉的战争

11. 安敦尼的疯狂既然不能因其野心的满足而得到缓解，最后只能被他的奢侈和放纵所终结。在远征帕提亚后，他开始讨厌战争，过上了闲适的生活，拜倒在克莉奥帕特拉的石榴裙下不能自拔。他休憩在女王的怀抱中，好像自己万事大吉似的。这位埃及女人向这位沉醉的统帅要求罗马帝国作为赢得她芳心的代价，而安敦尼竟然答应了她，就好像罗马人比帕提亚更容易征服似的。于是，他开始觊觎君主的权力，而且也不是用秘密的方法，即使他这样做并非为自己。然而，他忘记了他的祖国、他的名字、他的托加袍和他职位的徽标，立刻完全堕落成为一只怪物。无论是他的自我感觉还是衣着，都表明他是这样一只怪物。他手握一柄黄金权杖，腰佩一把圆月弯刀，身穿一件镶嵌巨大宝石的紫袍；就差头戴一顶王冠来宣布自己成为一位与王后朝夕相处的国王了。恺撒听说他最近的举动，就从布伦狄西乌姆越海前来迎接即将到来的战争，他将营地驻扎在伊庇鲁斯，以一支强大的舰队包围了亚克兴（Actium）所有的海岸、琉卡斯岛（Leucas）、琉卡特山（Leucate）以及环绕阿姆布拉基亚海湾（Ambracian Gulf）的海角。我军有超过 400 艘舰船，敌人的舰船则不足 200 艘，但他们舰船的规格弥补了数量的劣势。因为它们有 6～9 列桨，上面还有塔楼和高台高高探出水面，犹如卫城或城市，它们在前进时致使海浪低吟、海风呼啸，但它们的形体却给自己造成致命后果。恺撒的舰船仅有 2～6 列桨，因而无论是进攻、回划还是追击都能灵活操作。它们随意分散在敌人那尾大不掉的舰船周围，数只船用矛矢和冲撞角进攻敌人一只船，并且用火把掷向敌船。敌人兵力之巨大没有比在我军获胜后表现得更为明显的了。战斗结束后，巨大舰船的残骸漂满了整片海域，由海风掀起的海浪不断卷起战利品。这些战利品来自阿拉伯人、塞白人（Sabaeans）以及 1000 个其他亚细亚民族，颜色为紫色，又以金线镶边。女王曾率先撤退，乘坐她那紫帆的金色舰船逃向远洋。安敦尼很快随她而去，但恺撒紧追不舍。这样，无论是准备逃往大洋①，还是率卫戍部队占领埃及的两处海角帕莱托尼乌姆（Paraetonium）和佩鲁西乌姆都没有给他们带来什么帮助。他们几乎被恺撒擒获。安敦尼第一个拔剑自尽。女王则扑倒在恺撒身前，试图吸引他的目光，但她一无所获，因为她的美丽不能够胜过他的自制。女王的努力不在于挽救自己的生命，因为这已被无条件赐予了她，她的目的在于获得自己王国的一部分。后来她对从恺撒那里达到目的已经不抱希望，而且察觉到自己是被留下来用于在凯旋式上展示，所以趁守卫不注意，来到了毛索列乌姆（Mausoleum）——这是对皇陵的称呼。在那里，她穿上了习惯穿着的精致华服，躺在她所爱的安敦尼身旁的一口注满香水的棺材中，将几条毒蛇放到自己的血管上，从而结束了自己的生命，就像

①　普鲁塔克（《安敦尼传》，69）告诉我们，他们商量将埃及舰队通过苏伊士地峡（Isthmus Suez）拖到红海逃走，并建立一个新王国。

英译者爱德华·西摩·弗斯特将普鲁塔克此段文字出处作《安敦尼传》，89。——中译者

睡着了一样。

12. 内战就这样结束了，而就在帝国被自己的麻烦所牵扯的时候，针对外国民族的其他战争于世界各地爆发。和平是一种新的状态，而*329* 这些尚未习惯被奴役的国家，昂起高傲的头颅，开始反对最近强加给他们的枷锁。北部地区尤其展现出最为昂扬的斗志，当地居住着诺里库姆人、伊利里亚人、潘诺尼亚人（Pannonians）、达尔马提亚人、莫西亚人、色雷斯人、达契亚人、萨尔马提亚人和日耳曼人。

XXII. 诺里库姆战争

阿尔卑斯山给了诺里库姆人以信心，使他们以为战火不会蔓延到他们的山岩和积雪，然而，恺撒通过其继子克劳狄·德鲁苏斯之手征服了那一地区的所有民族：布琉尼人（Breuni）、乌肯尼人（Ucenni）和文德里基人（Vindelici）。这些阿尔卑斯民族的蒙昧程度可以通过他们妇女的举动获得证明：她们在矛矢没有击中目标时，将自己孩子的头颅在地上摔碎，将脑浆丢到[罗马]士兵们的脸上。

XXIII. 伊利里亚战争

伊利里亚人也居住在阿尔卑斯山山脚下，俯瞰着它们那深深的峡谷和由湍急的水流构成的天然屏障。恺撒亲自率军征伐他们，并且下令筑桥。在这里，水流和敌人共同造成混乱，于是他从一个犹豫不决、不敢过桥的士兵手中夺过盾牌，第一个上了桥。军队跟随他前进，但桥因为人数太多而坍塌，这时恺撒手和腿受了伤，他因流血而*331* 变得更加英俊，因危险而变得愈发威严。他从后方给敌人造成沉重打击。

XXIV. 潘诺尼亚战争

潘诺尼亚人由两条湍急的河流德拉瓦河（Drave）和萨瓦河（Save）保护。他们在劫掠了邻人的领土后，习惯于撤到这些激流对岸的后面。恺撒派文尼乌斯（Vinnius）前去征服他们，并且在两条河流处皆击败敌人。我军击败敌人后并未按照战争惯例将他们的武器焚烧，而是将其折断后扔到河流中，从而将恺撒的威名传播到仍在抵抗的人们那里。

XXV. 达尔马提亚战争

达尔马提亚人大部分居住在森林中，他们经常从那里发动掠夺性的袭击。执政官马尔基乌斯①已经通过焚烧其首都德尔米尼乌姆（Delminium）重创了他们，后来罗马第二大演说家②阿西尼乌斯·波利奥（Asinius Pollio）剥夺了他们的牧群、武器和领土。奥古斯都将彻底征服他们的任务交给了维比乌斯（Vibius）。后者迫使这一蒙昧的民族掘地，又从自己当地的矿脉中冶炼黄金。这个最为愚蠢的民族如此热忱而勤勉地从事这些事业，从而使人认为他们是自愿这样做的。

XXVI. 莫西亚战争

描述莫西亚人的蒙昧与残忍，以及他们那超出其他蛮族的野蛮程度是一件令人厌恶的工作。他们的一个首领在让现场安静下来后，在自己的主人前面喊道："你们是谁?"当得到"我们是罗马人，世界的主人"的回答后，他说道："是的，只要征服我们，你们就会成为世界的主人。"马尔库斯·克拉苏于是收到了朕兆。莫西亚人立刻在军队前面宰杀一匹马进行了献祭，并发誓说他们要杀死敌人首领，并用他们的内脏来祭神，然后吃掉。我非常相信诸神听到了他们的吹嘘，因为他们甚至连我军的号角声都不能忍受。百人队长科尔尼狄乌斯（Cornidius）秉性较为野蛮而愚蠢，但对具有同样性格的人来说却并非

---

① 公元前 156 年。
　当年的两执政官为鲁基乌斯·科尔涅利乌斯·伦图鲁斯·鲁普斯和盖乌斯·马尔基乌斯·费古鲁斯。——中译者
② 即仅次于西塞罗。昆体良（Quintilian），X. 1，113 中将二者进行比较。有些评论家将 *hic secundus orator* 视为一种注释。

没有作用。他在头盔上顶着一盘燃烧的木炭，通过身体的活动为木炭扇风，从而在头顶上发出火光，给人的感觉就像是身体着了火一般，从而给敌人造成不小的恐慌。

XXVII. 色雷斯战争

色雷斯人即使在以前经常反叛，他们现在在国王罗伊美塔尔库斯的领导下发动了最严重的叛乱。他使蛮族习惯于使用军帜，服从军纪，甚至使用罗马人的武器。色雷斯人在被皮索彻底征服之后，甚至在被俘时都表现出自己的疯狂。因为他们试图咬断枷锁，从而惩罚了自己的蒙昧。

XXVIII. 达契亚战争

达契亚人紧紧地依山而居，每当多瑙河结冰而可以行人时，他们便经常在国王科提索（Cotiso）指挥下下山来蹂躏邻近地区。即使他们难于接近，恺撒还是决定将这一民族驱赶回去。于是，他派伦图鲁斯出征，将他们赶到该河彼岸，然后在己方的河岸派驻了卫戍军。这一次，达契亚没有被征服，但他的居民被赶走并准备接受将来的征服。

XXIX. 萨尔马提亚战争

萨尔马提亚人在马背上驰骋于广阔的平原。他们也被认为完全应该被禁止越过多瑙河，于是伦图鲁斯又一次被委以重任。敌人的领土完全覆盖着冰雪和森林。他们是如此野蛮，竟然不知和平为何物。

XXX. 日耳曼战争

我们宁可希望恺撒也没有试图征服日耳曼。失去此地给我们造成的耻辱远远超过获得此地给我们带来的荣耀。然而，他非常清楚其父盖乌斯·恺撒曾两度筑桥越过莱茵河与日耳曼人作战，便也渴望将其变为行省以授予父亲尊荣。如果这些蛮族能够像容忍我们的统治那样容忍我们的恶行的话，他的目标可能会实现。

德鲁苏斯被派往该行省，他首先征服了乌西佩特斯人（Usipetes）， *337*
后又蹂躏了滕克特里人（Tencturi）①和卡提人（Catthi）的领土。他树立
了一座高高的土墩，将上面装饰着马尔科曼尼人（Marcomanni）的战
利品和饰物作为纪功柱。接下来他同时进攻这些强大的部落：克鲁斯
基人（Cherusci）、苏埃比人（Suebi）和西卡姆布里人（Sicambri）。因为
他们在将我们的 20 名百人队长钉死在十字架上后开始了与我们的战
争，他们将此举作为共同进退的投名状，而且他们对胜利如此充满信
心，竟然事先就战利品分配达成协议。克鲁斯基人选择了战马，苏埃
比人选择了金银，西卡姆布里人选择了战俘。然而，一切都以相反的
形式实现了：德鲁苏斯在击败他们后，分配了他们的马匹、牧群和首
饰，并将他们的人都作为战利品而出卖。另外，为了确保该行省安
全，他沿马斯河（Meuse）、易北河（Elbe）和威悉河（Weser）设置了卫
戍部队和岗哨。他在莱茵河两岸部署了超过 500 处要塞。他在波尔马
（Borma）和格索里亚库姆（Gesoriacum）筑桥，并留下舰队加以保护。
他在以前从未有人涉足和穿越的赫尔居尼亚森林中间开辟了一条通
道。一句话，日耳曼现在如此和平，以至于居民看来似乎发生改变，
国家的面貌得以改观，气候也变得比以前变得温和。最后，当这位勇
武的年轻将军死在当地时，元老院根据该行省的名字授予他一个尊
号，给予他不可比拟的尊荣。这并非为了谄媚，而是出于对他美德的
认可。

然而，维持行省要远比建立行省困难。它们被以武力赢得，却要 *339*
以公正维持。因此，我们的欢欣是短暂的：日耳曼人只是被击败，而
未被征服。在德鲁苏斯统治下，他们尊敬我们的道德品质远胜于害怕
我们的武力。德鲁苏斯死后，他们开始厌恶昆提利乌斯·瓦鲁斯的荒
淫与高傲，同样也厌恶他的残忍。他鲁莽地召开了一次会议，宣布了

---

① 原文 Tencteros，英译者爱德华·西摩·弗斯特作 Tencturi。——中译者

一道反卡提人的布告，就仿佛他能够用一名扈从的棍棒和一名传令官的宣告来压制蛮族的暴力似的。然而，日耳曼人长期为自己的刀剑锈蚀和战马怠惰而懊悔，此时一看到托加袍和现行的法律比武器还要残忍，就在阿尔美尼乌斯（Armenius）的领导下拿起武器。瓦鲁斯对和平如此抱有信心，以至于当敌人的一个酋长塞格斯特斯（Segestes）将阴谋的信息出卖给他时，仍泰然自若。因此，他对诸如此类的事情毫无准备且毫无畏惧。有一次他竟然召他们到自己的法庭出庭（他就是如此自信），于是敌人起兵并从四面八方向他发起进攻。他的军营被攻占，3个军团被击溃。瓦鲁斯与鲍鲁斯在坎奈那毁灭性的一天一样，遵循同样命运，在同样勇敢作战之后遭遇了同样的灾难。没有什么屠杀比在沼泽和森林中的屠杀更残酷的了，没有什么比蛮族所施加的凌辱更加难以忍受了，尤其是他们对诉讼辩护人所施加的凌辱。他们将一些辩护人的眼睛挖出，将另一些人的双手砍断。他们将一个辩护人的舌头割掉后又将嘴缝合。一个蛮族将其舌头拿在手中，说道："你这条毒蛇终于不再嘶嘶叫了。"执政官本人的尸体被士兵出于情谊而埋葬，但也被蛮族挖了出来。至于军帜和鹰帜，有两杆被蛮族占有至今，第三杆鹰帜在落入敌手之前，被一个旗手从杆上拧下来。这个旗手将鹰帜藏在腰带的衣褶里，隐蔽在布满血污的沼泽地中。这场灾难的结果是，帝国[的扩张]没有在大洋岸边止步，却在莱茵河岸被遏止。

XXXI. 盖图里亚战争

这就是在北部的行动。南部则发生了暴动，而非战争。奥古斯都镇压了居住在叙尔特斯附近的穆苏拉米人（Musulami）和盖图里亚人（Gaetulians）。科苏斯（Cossus）被他派去完成此事，并因此获得了盖图里库斯（Gaetulicus）的称号。这一称号所体现的范围比他实际取得胜利的范围要广。奥古斯都将征服马尔马里德斯人（Marmarides）和加拉曼特斯人（Garamantes）的任务交给了奎利尼乌斯（Quirinius）。后者原本同样可以带着马尔马里库斯（Marmaricus）的称号回归，可惜他对自己的胜利评价过于谦虚。

XXXII. 亚美尼亚战争

在东方，亚美尼亚人造成了更多的麻烦。恺撒将另一位恺撒，即自己的一个外孙派到那里。两位恺撒①都英年早逝，其中一位尚未来得及建功立业。因为鲁基乌斯在马西里亚病故，而盖乌斯在叙利亚收复投靠帕提亚的亚美尼亚时因伤而亡。庞培在击败提格拉涅斯后，使亚美尼亚习惯于统治者只能由罗马指定这样一种被奴役的状态。这一权力的实施曾经中断，后被盖乌斯·恺撒重新确立，为此他进行了一场即使并不激烈，却有诸多折损的战斗。多涅斯（Dones）被国王任命为阿尔塔格莱（Artagerae）②总督后，假装背叛自己的主人。当这位罗马的将军在审查一份文件时，多涅斯向他发起攻击，突然拔出剑来刺中了他。这份文件是多涅斯献上的，上面是一份财产清单。盖乌斯·恺撒的伤势暂时痊愈，但……③那个攻击他的蛮族被愤怒的士兵团团包围，对尚且活着的盖乌斯·恺撒进行了偿赎：他被剑刺中，然后跳上火葬堆自焚而亡。

XXXIII. 对坎塔布里亚人和阿斯图勒斯人的战争

在西方，几乎整个西班牙都已被征服，只有邻近比利牛斯山尽头的悬崖未被大洋近岸的海水④冲刷的部分除外。在这里，两个强大的民族坎塔布里亚人（Cantabrians）和阿斯图勒斯人（Asturians）在罗马的统治之外自由地生活。坎塔布里亚人首先暴动，而且他们在变乱中更为积极和顽强。他们不满足于只是捍卫自己的自由，还试图通过不断

343

345

---

① 奥古斯都之女大尤莉娅与阿格里帕育有三子（盖乌斯·恺撒、鲁基乌斯·恺撒、阿格里帕·波斯图穆斯）二女（小尤莉娅和大阿格里皮娜），其中盖乌斯·恺撒与鲁基乌斯·恺撒被奥古斯都收养。前文所述之被派往亚美尼亚者为盖乌斯·恺撒。——中译者

② 斯特拉波，XI，第 529 页之阿尔塔盖拉（Artageira）。

③ 文本中此处有缺失。

④ 大洋被视为一条宽阔的河流，它的近岸由西班牙的大西洋沿岸构成。

的袭击来统治他们的邻人，骚扰瓦凯伊人（Vaccaei）、图尔莫基人（Turmogi）和奥特里戈涅斯人（Autrigones）。他们表现得凶猛异常，这一消息导致恺撒率军亲征，而没有委托他人前来。他亲自到达塞基萨马（Segisama），在那里扎营，后来又后分三路，包围了整个坎塔布里亚并将其凶猛的人民包围起来，就像用网将野兽困住一样。他在大洋的一边也没有让敌人安生，因为他用舰队攻击他们的后方。对坎塔布里亚人的第一场战斗发生在贝尔基达（Bergida）城墙下面。敌人从这里逃到文狄乌斯山（Vindius）的顶峰，当时他们认为即便海水能够涌上来，罗马人也不可能登上来。接下来，阿拉克里乌姆（Aracelium）市镇进行了顽强的抵抗，但最终被拿下。最后一桩战事是围攻美都鲁斯山（Medullus）。当蛮族发现此山被绵延超过 18 英里的工事包围，看到罗马人从四面八方逼近时，才意识到自己末日到来，便在宴席上争相用火、剑和通常从紫杉中提炼出来的一种毒药杀死自己。就这样，他们大多数人避免了被俘虏的命运，因为对于一个到目前为止从未被征服过的民族来说，被俘要比死亡还痛苦。恺撒在塔拉科（Tarraco）的海岸过

₃₄₇ 冬时，他的副将安提斯提乌斯（Antistius）、弗尔尼乌斯（Furnius）以及阿格里帕将这些捷报传来。他本人迅速赶到现场，将一些居民带下山，通过收取人质确保了其他人的忠诚，还依据征服的权力将其他人卖为奴隶。元老院认为他的胜利值得被授予一顶桂冠和一架凯旋马车，但恺撒现在权势如日中天，他蔑视凯旋式所能带来的一切荣誉。与此同时，大批阿斯图里亚人从积雪封顶的山上蜂拥而下。蛮族在发动这次进攻前似乎不是没有认真考虑的。他们驻扎在阿斯图拉河（Astura）附近，兵分三路，准备同时进攻罗马人的三座营地。如此勇敢的敌人突然来袭，而且他们的计划又如此周详，看来这次战斗应该胜负难料、激烈血腥——我应该，我能够想象双方会战成两败俱伤①。

---

① *utinam nuitua clade* 是所有手稿的读法。我们从中只能提取出这样的意思。然而 *utinam* 可能系误写。

然而，布里该基尼人（Brigaecini）成了叛徒，而卡利西乌斯（Carisius）因他们的警告而率军前来。挫败敌人的计划就意味着胜利，即便如此，战斗仍然非常血腥。布防坚固的兰克亚（Lancea）城对溃败的残敌敞开大门，在这里，罗马军颇费周折才抵消该地的天然优势。当士兵们要求用火把焚烧这座被攻占的城市时，将军费尽心机才为它赢得了士兵的同情，因为他恳求道，要为罗马的胜利造成一座更好的纪念碑的话，应该留下它而非焚毁它。

奥古斯都的征战到此结束，西班牙的叛乱也到此结束。此后，我们可以依赖西班牙人的忠诚和持续的和平。当地和平的缔造有赖于当地人具有倾向和平技艺的先天禀赋，以及恺撒所采取的明智举措。后者发现他们经常撤退到山中，因而害怕此山会给他们树立信心，便命令他们在他曾经扎营的平原居住和耕种。他又督促该民族在那里召开议事会，还要将此地看作首都。此地的天然优势对他的计划有利，因为整个地区盛产黄金，富有凤凰石①、朱砂和其他矿物。于是，他下命耕种这片土地。就这样，阿斯图勒斯人深挖土地以为别人寻找财富，从而获得了有关他们自己的资源和财富的最初知识。 *349*

XXXIV. 与帕提亚的和平以及对奥古斯都的神化

现在西部和南部所有的民族皆被征服，而北部至少在莱茵河和多瑙河之间的民族，东部在居鲁士河和幼发拉底河之间的民族，以及在帝国统治下的其他民族，感到了罗马的伟大，对它那作为世界征服者的人民表示敬畏。斯基泰人和萨尔马提亚人派使节前来寻求友谊。居住在太阳底下的塞里斯国人（Seres）②与印度人献来大象、宝石、珍珠以及其他礼物，然而，他们认为花费了4年时间进行的长途旅行是他们最重的贡品，确实他们的肤色证明他们来自另一片天空下。帕提亚 *351*

---

① 一种绿色颜料。

② 中国人。

关于"塞里斯国"，参阅杨共乐：《Seres 国为"丝国"说质疑》，载《北京师范大学学报（社会科学版）》，2006(6)。——中译者人也好像后悔自己当初取得的胜利，主动归还了击败克拉苏时所缴获的军帜。就这样，在整个有人居住的世界，和约或休战协定被牢固而不可动摇地确立起来，恺撒·奥古斯都最后在罗马建城后第 700 年①关闭了雅努斯神庙的两扇大门②。以前此门只在两种情况下关闭过，即努马在位时期和第一次击败迦太基后。接下来，奥古斯都致力于维护稳定，用许多严苛的法律制止了时代的堕落与奢靡倾向。由于所有这些伟大的成就，他被尊称为终身统帅以及祖国之父。鉴于他建立了帝国，元老院还讨论是否应该将他称为罗慕路斯，但奥古斯都之名被认为更加神圣和庄严，这样的话，当他仍生活在人间的时候，即可以通过获得这样一个名称与头衔，被提升到神的行列。

---

① 严格说来雅努斯神庙关闭的时间(公元前 29 年)是罗马建城后第 725 年。
② 英译者约翰·塞尔比·沃特森作"关闭了双面的雅努斯神庙的大门"。——中译者

索　引

127。[正文此处"阿庇乌斯"当为弗洛鲁斯误写，此人当为盖乌斯·克劳狄·普尔克尔（其父名曰阿庇乌斯·克劳狄·普尔克尔），公元前177年作为罗马执政官征讨伊斯特里亚人，初战失败，返回罗马，再战而胜。——中译者]

Amulius(阿穆利乌斯)，拉丁姆国王，篡位其兄长努米托尔，9；命人将罗慕路斯与勒穆斯丢弃，9。

Ana(阿那)，西班牙河流，西尔图雷乌斯在此兵败，257。

Ancharius(安卡利乌斯)，被马略下令处死，251。

Ancus Marcius(安库斯·马尔基乌斯)，罗马王政时期第四位王，他的统治，19；他的建设事业，19，27。

Andriscus(安德利斯科斯)，冒名僭越马其顿王位，击败罗马大法官普布利乌斯·尤文提乌斯，135；被罗马大法官昆图斯·凯基利乌斯·梅特鲁斯·马其顿尼库斯俘获并带回罗马，135。

Anicius(阿尼基乌斯)，罗马大法官，征服伊利里亚人，133。

Anio(阿尼奥)，拉丁姆河流，罗马人在此大败高卢人，47。

Annals(《年代记》)，罗马人的《年代记》，其中荷拉提乌斯·科克勒斯、穆基乌斯·斯凯沃拉和克罗伊莉娅的故事，31；其中有关维伊人的内容，41。

Antiochus the Great(伟大的安条克，国王安条克)，叙利亚国王，127；关于他唯一著名的事实是他被罗马人征服，119；他与汉尼拔接洽，121；索要吕西马基亚，121；被从希腊逐出，123；他的舰队被击沉，123；在麦安德尔河被鲁基乌斯·科尔涅利乌斯·西庇阿击败，123；从罗马人手中收回自己的部分王国，125。

C. Antistius(盖乌斯·安提斯提乌斯)，奥古斯都在西班牙的副将，347。

Antium(安提乌姆)，拉丁姆市镇，罗马从此地缴获的战利品，35。

C. Antonius(盖乌斯·安敦尼)，后"三头"之一马尔库斯·安敦尼的兄弟，在内战中控制亚德里亚海入海口，277；被迫投降，277。

C. Antonius Hybrida(盖乌斯·安敦尼·许布利达，公元前63年罗马执政官)，帮助镇压喀提林阴谋，263—265。

M. Antonius(马尔库斯·安敦尼)，攻击克里特，195—197；被马略斩首，251。

结束亚细亚战争，161。

T. Aquilius（提图斯·阿奎利乌斯，公元前 101 年罗马执政官），在奴隶战争中战胜，241。[此处"提图斯"当为误写，此人当为马尼乌斯·阿奎利乌斯。——中译者]

Aquitani（阿奎塔尼亚人），高卢部落，败于恺撒，203。

Arabian spoils captured at Actium（亚克兴海战中虏获的阿拉伯人的战利品），327。

Arabs（阿拉伯人），向庞培臣服，189。

Aracelium（阿拉克里乌姆），西班牙市镇，被奥古斯都占领，345。

Araxes（阿拉克塞斯），亚美尼亚河流，319。

Arcadians（阿尔卡狄亚人），在埃凡德尔率领下前来拉丁姆定居，11。

Archelaus（阿尔克拉奥斯），米特拉达梯手下将领，181。

Archimedes（阿基米德），他为叙拉古制作的防御机械，105。

Ardea（阿尔德亚），拉丁市镇，被高傲者塔克文攻陷，23。

Arethusa（阿勒图萨），其泉水，位于叙拉古，105。

Arician Forest（阿里基亚森林），位于拉丁姆，因罗马人而可怕，35。

Ariminum（阿里米努姆），翁布里亚城市，罗马内战最早在此打响，273。

Ariobarzanes I（阿利奥巴扎涅斯一世），卡帕多基亚国王，被恢复王位，183；阿利奥巴扎涅斯三世，在内战中支持庞培，267。

Ariovistus（阿利奥维斯图斯），因苏布里高卢人国王，91；败于弗拉米尼乌斯，93。

Ariovistus（阿利奥维斯图斯），日耳曼人国王，曾蔑视罗马人，203。

Aristobolus（阿利斯托伯鲁斯），犹太人国王，被庞培囚禁，189。

Aristonicus of Pergamon（帕加马人阿利斯托尼科斯），他与罗马人的战争，159；兵败被俘，161。

Armenia（亚美尼亚），215；米特拉达梯获得其帮助，185；庞培在此击败米特拉达梯，187；克拉苏军队的残部在此躲避，213；被庞培

Asina(阿西那)，见 Cornelius(科尔涅利乌斯)。

Asinius Pollio(阿西尼乌斯·波利奥)，演说家，击败达尔马提亚人，331。

Astura(阿斯图拉)，西班牙河流，347。

Asturians(阿斯图里亚人)，罗马帝国之外的西班牙部落，攻击奥古斯都的军营并被击败，347。

702

Atesis(阿特西斯)，意大利北部河流，被辛布里人渡过，173。

Athenians(雅典人)，为埃托利亚人进行恳求，125。

Athenio(阿特尼奥)，奴隶战争的首领，废弃意大利，239；击败罗马人，但最终被俘和碎尸，241。

Athens(雅典)，123；请求罗马人帮助对抗马其顿国王腓力五世[英译者爱德华·西摩·弗斯特在此处作Ⅲ，下同——中译者]，115；被苏拉围攻，181；被攻陷和宽恕，183。

A. Atilius Calatinus(奥鲁斯·阿提利乌斯·卡拉提努斯)，罗马独裁官，将迦太基卫戍部队逐出西西里，81。

M. Atilius Regulus(马尔库斯·阿提利乌斯·雷古鲁斯)，征服萨伦提尼人，69；航往阿非利加，83；几乎攻陷迦太基，83；被山提波斯所俘，85；被派往罗马，建议不与敌交换战俘，85；在迦太基被折磨致死，85。

Atilius(阿提利乌斯)，在利古里亚海湾指挥清剿海盗，193。

Attalus Ⅱ(阿塔罗斯二世)，帕加马国王，在第一次[英译者爱德华·西摩·弗斯特在此处作 7th——中译者]马其顿战争中与罗马结盟，117。

Attalus Ⅲ(阿塔罗斯三世)，帕加马国王，将王国遗赠给罗马人，159；他的遗赠的恶劣影响，213，215；盖乌斯·格拉古提议利用他的遗赠供养罗马平民，225。

Attius Naevius[英译者爱德华·西摩·弗斯特在译文中作 Naevius，在索引中作 Nevius——中译者](阿提乌斯·奈维乌斯)，鸟卜祭司，19。

P. Attius Varus(普布利乌斯·阿提乌斯·瓦鲁斯)，败于盖乌斯·斯克利波尼乌斯·库利奥，277；在西班牙对恺撒派作战，291。

Aufidus(奥非都斯)，阿普里亚河流，在坎奈战役之后流淌鲜血，101。

Augury(鸟卜)，罗马建城时的鸟卜，11；被努马正式确认，15；阿提乌斯·奈维乌斯谙熟鸟卜之术，19。

Augustus(奥古斯都)，见 Julius(尤利乌斯)。

Aurunculeius Cotta(奥伦库雷乌斯·科塔)，恺撒的副将，被阿姆比奥利克斯伏击并俘获，203。

Auspices(征兆)，被克劳狄·普尔克尔轻蔑地对待，87。

Autrigones(奥特里戈涅斯人)，西班牙部落，遭到坎塔布里亚人的攻击，345。

P. Autronius(普布利乌斯·奥特洛尼乌斯)，喀提林的同伙，263。

Auxuma(奥克苏马)，西班牙市镇，在塞多留战争之后成为罗马的附庸，259。

Avaricum(阿瓦里库姆)，高卢市镇，被恺撒焚毁，209。

Aventine Hill(阿文丁山丘)，勒穆斯选址于此，11；鲁基乌斯·维尔基尼乌斯将十人委员会从山上驱逐，73；盖乌斯·格拉古撒到山上，227。

Avernian Lake(阿维尔努斯湖)，位于坎帕尼亚，一处休闲胜地，53；与鲁克里努斯湖连接，315。

C. Baebius(盖乌斯·拜比乌斯)，将利古里亚人驱逐入平原，91。

M. Baebius(马尔库斯·拜比乌斯)，被马略处死，251，255。

Bagradas(巴格拉达斯)，阿非利加北部河流，雷古鲁斯曾在此扎营，83；小加图曾在此扎营，291。

Baiae(拜亚)，坎帕尼亚城市，它的温泉，53；汉尼拔在此地，101；

屋大维和马尔库斯·安敦尼在此会晤塞克斯图斯·庞培，313。

Balearic Sea(巴列亚海)在海盗战争中被分配给曼利乌斯·托尔夸图斯，193；此地海盗被击败，197－199；塞多留在此地，257。

Balearicus(巴列亚利库斯)，见 Q. Caecilius Metellus(昆图斯·凯基利乌斯·梅特鲁斯)。

Basilus(巴西鲁斯)，向盖乌斯·安敦尼提供援助，277。

Belgae(比尔及人)，高卢部落，201；恺撒对其作战，201。

Bergida(贝尔基达)，西班牙市镇，奥古斯都在此地附近击败坎塔布里亚人，345。

Bithynia(俾泰尼亚)，小亚细亚一地区，被米特拉达梯蹂躏，179－181；被归还给尼科墨德斯四世，183。

Bituitus(比图伊图斯)，阿罗布罗格斯人国王，作为战俘出现于罗马的凯旋式，167。

Bituriges(比图里格斯人)，高卢部落，与维尔辛格托利克斯结盟，207。

Black Sea(黑海)，见 Pontus(本都)。

Bocchus(波库斯)，毛里塔尼亚国王，于基尔塔被马略击败，165；将朱古达交给苏拉，165。

Boeotia(彼奥提亚)，希腊一地区，苏拉将米特拉达梯的卫戍部队驱逐出此地，183。

Boiorix(波奥利克斯)，辛布里人国王，阵亡，175。

Bomilcar(波米尔卡)，迦太基人，马哈巴尔之父，101。

Bononia(波诺尼亚)，意大利北部城市，305。

Borma(波尔马)，乌比伊人城市，克劳狄·德鲁苏斯·尼禄在此地，337。

Bosporus(博斯普鲁斯)，米特拉达梯计划建桥渡过此海峡，187。

Bovillae(波维莱)，拉丁姆市镇，在拉丁战争期间被罗马人攻陷，35。　*703*

Brennus(布伦诺斯)，高卢首领，蹂躏希腊，127。

143；攻陷孔特列比亚，宽恕了涅尔托布里加，147；其家族的卓越，197。

Q. Caecilius Metellus Numidicus（昆图斯·凯基利乌斯·梅特鲁斯·努米底库斯），击败并追击朱古达，165；拒绝对鲁基乌斯·阿普雷乌斯·萨图尔尼努斯宣誓并被放逐，227；他的离去给罗马元老院造成的损失，231。

Q. Caecilius Metellus Pius（昆图斯·凯基利乌斯·梅特鲁斯·庇护，公元前57年罗马执政官），在旁非里亚海指挥清剿海盗，193。

Caecilius Metellus（凯基利乌斯·梅特鲁斯），保民官，对马尔库斯·李锡尼乌斯·克拉苏进行诅咒，211。

Caelia（凯利亚），西班牙生产的一种啤酒，155。

Caenina（凯尼那），拉丁姆市镇，被罗慕路斯摧毁，11。

Caepio（凯庇欧），见 Servilius（塞尔维利乌斯）。

Caesar（恺撒），见 Julius（尤利乌斯）。

Caesonius（凯索尼乌斯），处死小格奈乌斯·庞培，295。

Caieta（凯伊塔），坎帕尼亚海港市镇，51。

Calabria（卡拉布里亚），首府为塔伦图姆，59。

Calagurris（卡拉古里斯），西班牙市镇，在塞多留战争之后成为罗马附庸，259。

Calatinus（卡拉提努斯），见 Atilius（阿提利乌斯）。

Caledonian Forest（卡勒多尼亚森林），位于苏格兰，57；恺撒经由此地追击卡苏伊拉努斯，207。

Callaecia（加莱基亚），西班牙一地区，被德基穆斯·尤尼乌斯·布鲁图征服，149。

L. Calpurnius Bestia（鲁基乌斯·卡尔普尔尼乌斯·贝斯提亚，公元前111年罗马执政官），被派往努米底亚，在此地被朱古达贿赂，163。

Calpurnius Flama（卡尔普尔尼乌斯·弗拉马），罗马军政官，在卡美里那森林中拯救了罗马军队，81；被与列奥尼达相提并论，81。

斯"——中译者]·庞培在此地附近扎营，189。

Caudine Forks(考狄乌姆峡谷)，位于萨姆尼乌姆，罗马兵败于此，
　　53，153。

Celtiberia(凯尔特伊伯里亚)，西班牙境内区域，恺撒追击佩特雷乌斯
　　和阿弗拉尼乌斯至此，275；塞克斯图斯·庞培藏身于此，295
　　—297。

Celtiberians(凯尔特伊伯里亚人)，西班牙部落，被监察官加图和昆图
　　斯·凯基利乌斯·梅特鲁斯·马其顿尼库斯击败，147；其酋长奥
　　林狄科斯之死，149；守卫努曼提亚，151；帮助塞多留，257。

Celtibericus(凯尔特伊伯里库斯)，昆图斯·凯基利乌斯·梅特鲁斯·马 705
　　其顿尼库斯被认为应该获得此尊号，147。

Celts(凯尔特人)，西班牙部落，被德基穆斯·尤尼乌斯·布鲁图征
　　服，147。

Censorinus(肯索利努斯)，见 Marcius(马尔基乌斯)。

Cephallenia(克法勒尼亚)，爱奥尼亚海中岛屿，卷入埃托利亚战
　　争，125。

Ceraunian Mts.(克劳尼亚山脉)，位于伊利里亚，125。

Ceres(克勒斯神)，与利贝尔神(巴克斯)争夺坎帕尼亚，51。

Cethegus(科特古斯)，见 Cornelius(科尔涅利乌斯)。

Chaeronca(凯洛涅亚)，彼奥提亚市镇，米特拉达梯兵败于此，183。

Chaonian Mts.(卡奥涅斯山脉)，位于伊庇鲁斯，被提图斯·昆克提
　　乌斯·弗拉米尼努斯翻越，117。

Cherusci(克鲁斯基人)，日耳曼部落，遭到克劳狄·德鲁苏斯·尼禄攻
　　击，337。

Chrysocolla(凤凰石)，发现于奥斯图里亚的绿色颜料，349。

Cicero(西塞罗)，见 Tullius(图利乌斯)。

Cilicina(基里基亚)，小亚细亚一地区，首府为伊扫拉(Isaura)，191；
　　克拉苏残部在此地，213；罗马从征服此地中获得荣誉，215；在内

前 283 年罗马执政官），在瓦狄莫湖击败高卢人，49。

P. Cornelius Dolabella（普布利乌斯·科尔涅利乌斯·多拉贝拉），恺撒的副将，击败因都提奥马鲁斯，203；被恺撒派去把守亚德里亚海入口，275—277。

P. Cornelius Dolabella（普布利乌斯·科尔涅利乌斯·多拉贝拉，公元前 44 年罗马执政官），在他的执政官年，屋大维崛起，301。

Cn. Cornelius Lentulus Clodianus（格奈乌斯·科尔涅利乌斯·伦图鲁斯·克罗狄亚努斯，公元前 72 年罗马执政官），被斯巴达克击败，245。

Cn. Lentulus Batiatus（格奈乌斯·伦图鲁斯·巴提亚图斯），斯巴达克从他的角斗学校逃脱，243。

Cn. Lentulus Cossus（格奈乌斯·伦图鲁斯·科苏斯），击败穆苏拉米人和盖图里亚人，341；获得尊号盖图里库斯，341。

L. Lentulus Crus（鲁基乌斯·伦图鲁斯·克鲁斯，公元前 49 年罗马执政官），在他的执政官年，恺撒与庞培决裂，271。

P. Lentulus Marcellinus（普布利乌斯·伦图鲁斯·马尔克利努斯），庞培的副将，在利比亚和埃及海域指挥清剿海盗，193。

P. Lentulus Sura（普布利乌斯·伦图鲁斯·素拉），喀提林的同伙，263；针对其家族的预言，263；罗马城中的阴谋，263。

Lentulus（伦图鲁斯），击败达契亚人，将萨尔马提亚人逐出多瑙河，335。

Lentulus（伦图鲁斯），罗马大法官，其军营在奴隶战争中被攻占，239。

L. Cornelius Merula（鲁基乌斯·科尔涅利乌斯·美鲁拉），弗拉蒙祭司，被马略处死，251。

P. Cornelius Rufinus（普布利乌斯·科尔涅利乌斯·鲁非努斯，公元前 290 年罗马执政官），因拥有 10 磅白银而被监察官盖乌斯·法布利基乌斯·鲁斯基努斯谴责，65。

707

（居多尼亚），克里特西北沿海城市，被昆图斯·凯基利乌斯·梅特鲁斯·克里特库斯攻占，197[英译者爱德华·西摩·弗斯特在此处作 193——中译者]。

Cynoscephalae(居诺斯克法莱，"狗头山")，色萨利市镇，马其顿国王腓力五世于此败于罗马军，117。

Cyprus(塞浦路斯)，未经一战便被罗马占领，199；其财富被运往罗马，199。

Cyrenae(居勒奈)，阿非利加北部沿海城市，191。

Cyrus(居鲁士)，亚美尼亚河流，349。

Cyzicus(居吉科斯)，穆西亚城市，被米特拉达梯围攻而未陷，183—185。

Dacia(达契亚)，盖乌斯·斯克利波尼乌斯·库利奥进军至此，179。

Dacians(达契亚人)，329；被伦图鲁斯驱逐到多瑙河以外，335。

Dalmatia(达尔马提亚)，遭到色雷斯人入侵，177；其首都被盖乌斯·马尔基乌斯·费古鲁斯焚毁，331；被盖乌斯·维比乌斯·波斯图穆斯征服，331；境内的金矿，331。

Damascus(大马士革)，叙利亚城市，庞培在此地，189。

Danube(多瑙河)，克劳狄·德鲁苏斯·尼禄阻止色雷斯人过河，177；708达契亚人被赶到河彼岸，335；罗马帝国的边界，349。

Darius(大流士)，波斯国王，119。

Decemvirs(十人委员会)，他们的行为导致国内纷争，119。

Deciates(德基亚特斯人)，利古里亚部落，罗马人对他们的战争，91。

L. Decidius Saxa(鲁基乌斯·德基狄乌斯·萨克萨)，马尔库斯·安敦尼的副将，自杀，319。

P. Decius Mus(普布利乌斯·德基乌斯·穆斯，公元前 312 年罗马执政官)，在埃特鲁里亚战争中将自己献身，57。

Deiotarus(戴奥塔罗斯)，色雷斯酋长，在内战中支持庞培，267。

Delminium(德尔米尼乌姆)，达尔马提亚首都，被盖乌斯·马尔基乌斯·费古鲁斯焚毁，331。

Delos(提洛)，希腊岛屿，被米特拉达梯占领，181。

Diaeus(狄亚伊奥斯)，亚该亚同盟首领，被鲁基乌斯·穆密乌斯击败，143。

C. Didius(盖乌斯·狄狄乌斯)，恺撒的副将，在西班牙对庞培作战，291。

T. Didius(提图斯·狄狄乌斯，公元前98年罗马执政官)，击败色雷斯人，177。

Dido(狄多)，迦太基女王，141。

Dolabella(多拉贝拉)，见 Cornelius(科尔涅利乌斯)。

Cn. Domitius Ahenobarbus(格奈乌斯·多米提乌斯·阿赫诺巴尔布斯，公元前122年罗马执政官)，击败阿罗布罗格斯人，169。

L. Domitius Ahenobarbus(鲁基乌斯·多米提乌斯·阿赫诺巴尔布斯，公元前54年罗马执政官)，被恺撒逐出科尔非尼乌姆，273。

Domitius(多米提乌斯)，塞多留战争期间庞培与昆图斯·凯基利乌斯·梅特鲁斯·庇护的副将，257。

Dones(多涅斯)，帕提亚将领，将奥古斯都的外孙盖乌斯刺伤，343。

Drave(德拉瓦河)，诺里库姆河流，保护潘诺尼亚人，331。

Drepanum(德勒帕努姆)，西西里市镇，奥鲁斯·阿提利乌斯·卡拉提努斯将迦太基人逐出此地，81。

Drusus(德鲁苏斯)，见 Claudius(克劳狄)、Livius(李维)。

C. Duilius(盖乌斯·杜伊利乌斯，公元前260年罗马执政官)，指挥对迦太基作战，79；在里帕拉群岛附近海战中获胜，81。

Dyrrhachium(狄尔拉基乌姆)，伊庇鲁斯城市，被恺撒攻击而未陷，279。

Eburones(埃布罗涅斯人)，高卢部落，在阿姆比奥利克斯率领下反叛，203。

Egeria(埃格莉娅)，曾向努马提供建议，15。

Egnatius(埃格那提乌斯)，同盟者战争期间埃特鲁里亚首领，233。

Egypt(埃及)，267，283；恺撒在此地，285－287；恺撒战胜此地的
　　凯旋式，297；屋大维追击马尔库斯·安敦尼至此，327。

Egyptian Sea(埃及海)，伦图鲁斯·马尔克利努斯在此指挥清剿海
　　盗，193。

Elbe(易北河)，日耳曼河流，克劳狄·德鲁苏斯·尼禄在此设
　　防，337。

Elephants(象)，在皮洛士之前不为罗马人所知，59；出现于赫拉克里
　　亚战役，61；在阿斯库鲁姆战役，61；在阿鲁西尼平原战役，61；
　　出现在战胜塔伦图姆的凯旋式上，67；罗马人在帕诺尔姆斯捕象，
　　87；在安条克军队中，123；被用于对阿罗布罗格斯人作战，167；
　　在塔普苏斯战役中，289；被印度人作为礼物送给奥古斯都，351。

Eleutherna(埃琉特尔那)，克里特城市，被昆图斯·凯基利乌斯·梅
　　特鲁斯·克里特库斯攻陷，197。

Elis(埃里斯)，希腊南部一地区，昆图斯·凯基利乌斯·梅特鲁斯·
　　马其顿尼库斯在此击败克利托拉奥斯，143。

Enna(恩那)，西西里市镇，奴隶起义军兵败于此，239。

Ephesus(以弗所)，爱奥尼亚沿海城市，叙利亚军在此败于罗马
　　军，123。

Epirus(伊庇鲁斯)，希腊北部一地区，其与塔伦图姆的贸易，59；皮
　　洛士的王国，59；内战战场，267，277；屋大维在此地，325。

Eryx(埃吕克斯)，西西里山峰及市镇，奥鲁斯·阿提利乌斯·卡拉提
　　努斯将迦太基人从此地逐出，81。

Esquiline Gate(埃斯奎林门)，苏拉由此进入罗马城，249。

Ethiopian(埃塞俄比亚人)，腓力比战役之前一个埃塞俄比亚人的神
　　兆，309。

M. Furius Camillus（马尔库斯·弗利乌斯·卡米鲁斯），击败高卢人，拯救罗马，47；追击塞诺涅斯高卢人，47；被控分配维伊战利品不公，71；定居维伊，71。

C. Furnius（盖乌斯·弗尔尼乌斯），奥古斯都对坎塔布里亚人作战时的副将，347。

Gabii（加比伊），拉丁姆市镇，被高傲者塔克文攻陷，23。

A. Gabinius（奥鲁斯·加比尼乌斯），在同盟者战争中击败马尔西人，235。

Gades（加狄斯），西班牙西南沿海市镇，大西庇阿·阿非利加努斯在此地，147；它向恺撒投降，275；提比略·尼禄在此地海域指挥清剿海盗，193。

Gaetulia（盖图里亚），阿非利加北部一地区，昆图斯·凯基利乌斯·梅特鲁斯·努米底库斯经由此地追击朱古达，165；被格奈乌斯·伦图鲁斯·科苏斯征服，341。

Gaetulicus（盖图里库斯），格奈乌斯·伦图鲁斯·科苏斯的尊号，341。

Gallic Sea（高卢海），马尔库斯·庞波尼乌斯在此指挥清剿海盗，193。

Gallo-Greeks（高卢希腊人，加拉提亚人），小亚细亚民族，他们的起源，127；卷入叙利亚战争，127；向罗马投降，127。

Games（赛会），在赛会上抢夺萨宾女子，11；塔伦图姆的赛会，59；涅墨亚的赛会，117。

Ganymedes（加尼墨德斯），埃及宦官，他的死，287。

Garamantes（加拉曼特斯人），阿非利加北部民族，被奎利尼乌斯征服，341。〔此处"奎利尼乌斯"当为误写，此人当为鲁基乌斯·科尔涅利乌斯·巴尔布斯，他作为同执政官级别的阿非利加总督（公元前21年—前20年？）击败了包括加拉曼特斯人在内的诸阿非利加部落，并于公元前19年3月27日举行凯旋式。——中译者〕

711

153，223。

Hypsaeus（叙普塞乌斯），在奴隶战争中其军营被攻陷，239。

Hyrcanus（叙尔卡努斯），被庞培立为犹太人之王，189。

Iberians（伊伯里亚人），高加索部落，帮助米特拉达梯，185；被庞培
　　击败并宽恕，187。

Iberus（伊伯鲁斯），西班牙河流，西庇阿征服了河岸的诸部落，147；
　　其两岸被废弃，149。

Ilerda（伊勒尔达），西班牙城市，被恺撒围攻，275。

Illyria（伊利里亚），塔伦图姆与它的贸易，59；挑衅罗马人，89，93；
　　被格奈乌斯·弗尔维乌斯·肯提马鲁斯征服，93；参与第三次马其顿
　　战争并被罗马大法官鲁基乌斯·阿尼基乌斯·加鲁斯征服，133；普布
　　利乌斯·科尔涅利乌斯·多拉贝拉在其海岸驻扎，277；被奥古斯都征
　　服，329。

Indians（印度人），不了解罗马人，189；生活在太阳之下，349；向奥
　　古斯都赠送礼物，351。

Indutiomarus（因都提奥马鲁斯），煽动特列维里人反叛，203。

Ingauni（因加乌尼人），利古里亚部落，罗马人对他们的战争，91。

Insubres（因苏布里人），高卢部落，生活于阿尔卑斯山下，89；败于
　　罗马人，91。

Interamnium（因特拉姆尼乌姆），意大利城市，被拍卖，255。

Ionian Sea（爱奥尼亚海），141；马尔库斯·特伦提乌斯·瓦罗在此指
　　挥清剿海盗，193。

Isara（伊萨拉），高卢河流，阿罗布罗格斯人兵败于此，167。

Isauri（伊扫里人），基里基亚民族，被普布利乌斯·塞尔维利乌斯·瓦
　　利亚·伊扫里库斯击败，191。其首府城市为伊扫拉。

Isauricus（伊扫里库斯），普布利乌斯·塞尔维利乌斯·瓦利亚所获得
　　的尊号，191。

马执政官），同盟者谋杀他的阴谋，235；在同盟者战争中战败，235。

L. Julius Caesar（鲁基乌斯·尤利乌斯·恺撒），被其侄马尔库斯·安敦尼宣布为公敌，307。

C. Julius Caesar（盖乌斯·尤利乌斯·恺撒），213，217，335；镇压赫尔维提人，201；他在对比尔及人作战中的英勇表现，201；击败阿奎塔尼亚人和莫里尼人，203；他的诸副将遭到特列维里人和埃布罗涅斯人的攻击，203；召见阿利奥维斯图斯，203；渡过莱茵河攻击日耳曼人，205；在不列颠，205；率大军再征不列颠，207；在拉文那征兵，207；焚烧阿瓦里库姆，209；强行攻取格尔高维亚，209；接受阿利奥维斯图斯的投降，209；同情喀提林同伙，265；他与庞培相争的致命后果，267；公元前59年任罗马执政官，269；将女儿尤利娅嫁给庞培，271；决定通过武力捍卫自己的地位，271；进军罗马，自任执政官，273；打开圣库，273；整顿诸行省，273；下令攻下马西里亚，273；在西班牙迫使马尔库斯·佩特雷乌斯和鲁基乌斯·阿弗拉尼乌斯投降，275；在伊利里亚和阿非利加遇挫，275；前往伊庇鲁斯作战，277；攻击狄尔拉基乌姆，279；在法萨里亚击败庞培，281；在埃及，285；与托勒密缔结和约并为克莉奥帕特拉复位，285；在亚历山大里亚险些丧生，285；击败法尔那克斯，287；在塔普苏斯击败庞培派，289；在孟达击败庞培派，293—295；返回罗马并举行凯旋式，297；他的仁慈，297；他所得到的荣誉，297；在元老院议事厅遇刺，299；他的死所造成的影响，299—301；他的老兵被屋大维酬谢，303。

C. Caesar（盖乌斯·恺撒），被马略处死，251。

C. Caesar（盖乌斯·恺撒），奥古斯都的外孙，被派去征讨亚美尼亚人，341；在叙利亚因伤而亡，343。

L. Caesar（鲁基乌斯·恺撒），奥古斯都的外孙，病死于马西里亚，343。

被格奈乌斯·弗尔维乌斯·肯提马鲁斯征服，93。

一名利古里亚士兵在莫鲁卡引导马略，165。

Ligurians(利古里亚人)，意大利北部部落，挑衅罗马，89；颇难征服，更难寻找，91。

Lilybaeum(利吕拜乌姆)，意大利市镇，奥鲁斯·阿提利乌斯·卡拉提努斯将汉尼拔逐出此地，81。

Liparae Islands(里帕拉群岛)，邻近西西里，盖乌斯·杜伊利乌斯在此地击败迦太基海军，81。

Liris(利里斯)，坎帕尼亚河流，塔伦图姆战争中战场，59；其两岸被皮洛士废弃，65。

M. Livius Drusus(马尔库斯·李维·德鲁苏斯，公元前 112 年罗马执政官)，阻止色雷斯人过多瑙河，177。

M. Livius Drusus(马尔库斯·李维·德鲁苏斯，公元前 91 年罗马平民保民官)，215；试图恢复格拉古立法，229；一个有关他的说法，231；通过暴力通过立法，231；他的死，231；同盟者要求实现他的许诺，233[英译者爱德华·西摩·弗斯特在此处作 333——中译者]。

M. Livius Salinator(马尔库斯·李维·萨利那托尔，公元前 207 年罗马执政官)，在美陶鲁斯指挥对哈士多路巴作战，111。

Longinus(隆基努斯)，见 Cassius(卡西乌斯)。

Lucania(鲁卡尼亚)，意大利南部一地区，首都塔伦图姆，59；罗马对皮洛士战争期间在此地的战事，61；提比略·塞姆普罗尼乌斯·格拉古经由此地追击汉尼拔，105；同盟者战争期间，庞提乌斯·特勒西努斯在此指挥作战，233。

Lucanians(鲁卡尼亚人)，意大利南部民族，卷入塔伦图姆战争，57；作为战俘出现于罗马战胜塔伦图姆的凯旋式，67；在同盟者战争中被帕庇利乌斯·卡尔波击败，235。

Lucretia(鲁克蕾提娅)，遭到强暴，25，27，73，她的丈夫被放逐，29。

715

地，179。

Magaba(马加巴)，加拉提亚山峰，被特克托萨基人占据，127。

Magra(马格拉)，河流，利古里亚边界之一，91。

Maharbal(马哈巴尔)，迦太基人，他关于汉尼拔的说法，101。

Malea(马里亚)，希腊南部海角，125，191。

Mamilius(马米利乌斯)，图斯库鲁姆人，怂恿拉丁人为高傲者塔克文
复仇，33。

Mancinus(曼基努斯)，见 Hostilius(荷斯提利乌斯)。

Manilius(马尼利乌斯，公元前 458 年罗马执政官)，他的军营被鲁基
乌斯·昆克提乌斯·辛辛那图斯解救，37。["马尼利乌斯"之名当
系误写，此人当为鲁基乌斯·米努基乌斯·埃斯奎利努斯·奥古利
努斯。——中译者]

Manilius(马尼利乌斯)，败于辛布里人，169。

M'. Manilius(马尼乌斯·马尼利乌斯，公元前 149 年罗马执政官)，
将迦太基人交出的舰船焚毁，137。

A. Manlius(奥鲁斯·曼利乌斯)，在埃特鲁里亚为喀提林征集了一支
军队，263。

M. Manlius(马尔库斯·曼利乌斯)，据守卡皮托，抵御高卢人，45；
被抛下卡庇托，75。

T. Manlius Torquatus(提图斯·曼利乌斯·托尔夸图斯，公元前 340
年罗马执政官)，因在决斗中击败一名高卢人而获尊号，47；指挥
对拉丁人作战，49；以违抗军令罪将自己的儿子处死，49。

Manlius Torquatus(曼利乌斯·托尔夸图斯)，在巴列亚附近海域指挥
清剿海盗，193。

A. Manlius Volso(奥鲁斯·曼利乌斯·沃尔索，公元前 178 年罗马执
政官)，其军营被伊斯特里亚人攻占，125。

Cn. Manlius Volso(格奈乌斯·曼利乌斯·沃尔索，公元前 189 年罗
马执政官)，被拒绝举行战胜高卢-希腊人的凯旋式，127。

Myndus(敏都斯)，卡里亚城市，被阿利斯托尼科斯攻陷，159。

Nabis(那比斯)，斯巴达将领，败于提图斯·昆克提乌斯·弗拉米尼努斯，117。

Naples(那不勒斯)，53。

Nar(纳尔)，翁布里亚河流，其两岸被库利乌斯·敦塔图斯废弃，51。

Nautius(那乌提乌斯)，罗马军政官，增强了罗马人对前往迦太基海道的恐惧感，83。

Nemea(涅墨亚)，希腊南部城市，罗马人在此宣布希腊重获自由，117。

Neoptolemus(涅奥普托勒摩斯)，米特拉达梯手下将领，占领了希腊诸海岛及雅典，181。

Neptune(涅普顿)，塞克斯图斯·庞培向其献祭 100 头公牛[英译者爱德华·西摩·弗斯特在此处作 a bull——中译者]，313。

Nertobriga(涅尔托布里加)，西班牙市镇，被昆图斯·凯基利乌斯·梅特鲁斯·马其顿尼库斯攻陷并宽恕，147。

Nicephorium(尼克弗里乌姆)，美索不达米亚城市，克拉苏在此驻扎，211。

Nicomedes III(尼科墨德斯三世)，俾泰尼亚国王，抱怨米特拉达梯，179；被苏拉恢复王国，183。

Nile(尼罗河)，其图像出现于恺撒凯旋式，297。

A. Ninnius(奥鲁斯·宁尼乌斯)，罗马保民官参选者，被鲁基乌斯·阿普雷乌斯·萨图尔尼努斯杀害，227。

Nola(诺拉)，坎帕尼亚城市，马尔库斯·克劳狄·马尔克鲁斯将汉尼拔从此地逐出，105。

Norbanus(诺尔巴努斯)，见 Junius(尤尼乌斯)。[然而英译者爱德华·西摩·弗斯特在彼处并未列出相关词条。此人当系盖乌斯·诺尔巴努斯，于卡普亚附近败于苏拉，253。——中译者]

姆，11。

Picentes（皮克努姆人），意大利部落，被普布利乌斯·塞姆普罗尼乌斯·索弗斯征服，67。

Picentia（皮肯提亚），意大利市镇，在同盟者战争中被废弃，235。

Picenum（皮克努姆），意大利一地区，反叛罗马并被征服，67；参加同盟者战争，233。

Piraeus（庇雷尤斯），雅典港口，被苏拉摧毁，183。

Pirates（海盗），庞培征剿海盗获得胜利，191 及以下，313；巴列亚群岛上的海盗，197—199。

Piso（皮索），见 Calpurnius（卡尔普尔尼乌斯）。

Plaetorii（普莱托利乌斯族人），被苏拉处死，255。

Plato（柏拉图），他的 Phaedo（《斐冬篇》），小加图在自杀之前所阅读的书，291。

Plautius Hypsaeus（普劳提乌斯·叙普塞乌斯），罗马大法官，在奴隶战争中，他的军营被攻占，239。

Plotius（普罗提乌斯），在西西里海指挥清剿海盗，193。

Plotius（普罗提乌斯），同盟者战争中翁布里亚首领，233。

Po（波河），见 Padus（帕都斯河）。

Pollux（波吕克斯），见 Castor and Pollux（喀斯托尔与波吕科斯）。

Polyxenidas（波吕克塞尼达斯），安条克手下舰队将领，败于埃米利乌斯·雷古鲁斯，123。

Pometia（波美提亚），拉丁姆市镇，被高傲者塔克文攻陷，23。

Pompeii（庞培伊），坎帕尼亚城市，53。

Cn. Pompeius Magnus（格奈乌斯·庞培·马格努斯），179，201，211，213，217，287，293，299，309，313，315，343；为命运女神所钟爱，185；击败米特拉达梯，187；处理东方事务，189；在耶路撒冷，189；将亚细亚设为罗马行省，189；受命清剿海盗，193；他征剿海盗的部署，193；他对海盗的胜绩，195；派马尔库

消失，13；出现于尤利乌斯·普罗库斯视野之中，15；被努马继承，15；建议将其名授予奥古斯都，351。

Rufinus（鲁非努斯），见 Cornelius（科尔涅利乌斯）。

P. Rutilius Lupus（普布利乌斯·鲁提利乌斯·卢普斯，公元前 90 年罗马执政官），在同盟者战争中兵败，235。

P. Rutilius Lupus（普布利乌斯·鲁提利乌斯·卢普斯，公元前 105 年罗马执政官），被定罪，231。

Sabaeans（塞白人），阿拉伯部落，来自他们的战利品，在亚克兴被俘获，327。

Sabines（萨宾人），意大利部落，67；塔尔佩娅叛国，向其敞开大门，13；迁至罗马，13；努马被从当地市镇库勒斯中召来，15；被马尼乌斯·库利乌斯·敦塔图斯击败，51；参加同盟者战争，233；其人赫尔多尼乌斯作为奴隶起义首领，237。

Sacred Mt.（圣山），位于拉丁姆，平民撤离到山上，71。

Sacriportus（萨克里波尔图斯），沃尔斯基人市镇，少马略在此被苏拉击败，253。

Saguntum（萨贡图姆），西班牙城市，被汉尼拔选来作为开战的借口，95；其居民自杀并摧毁财产，95，97。

Salamis（萨拉米斯），海战，123。

Salii（萨利舞祭司），祭司，由努马设立，15。

Sallentines（萨仑提尼人），卡拉布里亚部落，被马尔库斯·阿提利乌斯·雷古鲁斯征服，69。

Saluvii（萨鲁维人），利古里亚部落，罗马人对他们的战争，91；马西里亚人抱怨他们的入侵，167。

Samnites（萨姆尼乌姆人），意大利民族，65，67；罗马人应坎帕尼亚人之请对其发动进攻，51；他们的性格，53；被法比乌斯父子和帕庇利乌斯父子击败，53；在考狄乌姆峡谷击败罗马人，53；被迫穿

利加的部将，他的勇敢及命运，277。

L. Scribonius Libo（鲁基乌斯·斯克利波尼乌斯·李波），庞培的副将，被恺撒逐出埃特鲁里亚，273。

Scythians（斯基泰人），187；遣使觐见奥古斯都，349。

Segestes（塞格斯特斯），日耳曼酋长，将阿尔美尼乌斯的阴谋透露给普布利乌斯·昆克提利乌斯·瓦鲁斯，339。

Segidians（塞基达人），西班牙部落，其事业得到努曼提亚人的支持，151。

Segisama（塞基萨马），西班牙市镇，奥古斯都在此地，345。

Segovia（塞戈维亚），西班牙市镇，多米提乌斯与托利乌斯［英译者爱德华·西摩·弗斯特在此处作 Thoranus——中译者］兵败于此，257。

Seleucia（塞琉基亚），底格里斯河畔城市，211。

C. Sempronius Gracchus（盖乌斯·塞姆普罗尼乌斯·格拉古），215，227，229；为兄长复仇，225；允诺为平民分配土地和阿塔罗斯三世的遗产，225；二度任保民官，225；占领卡皮托，227；在阿文丁山丘败于鲁基乌斯·奥庇米乌斯，被杀，227；凶手们得到奖赏，227。

C. Gracchus（盖乌斯·格拉古），冒充者，被萨图尔尼努斯镇压，227。

T. Sempronius Gracchus（提比略·塞姆普罗尼乌斯·格拉古，公元前215年罗马执政官），经由鲁卡尼亚追击汉尼拔，105；征服萨丁尼亚，107。

T. Sempronius Gracchus（提比略·塞姆普罗尼乌斯·格拉古，公元前177年罗马执政官）格拉古兄弟之父，征服凯尔特伊伯利亚人，147。

T. Sempronius Gracchus（提比略·塞姆普罗尼乌斯·格拉古），215，227，229；点燃革命的第一把火，223；为曼基努斯的和约作担保，223；将同僚屋大维解职，223；组成分配土地的三人委员会，225；

基乌斯·马尔基乌斯·腓力普斯受贿，231；其军队在同盟者战争
中被击溃，235。

Servilius Caepio（塞尔维利乌斯·凯庇欧），在亚细亚海域指挥清剿海
盗，193。

C. Servilius Glaucia（盖乌斯·塞尔维利乌斯·格劳基亚），鲁基乌
斯·阿普雷乌斯·萨图尔尼努斯的党羽，227。

P. Servilius Valia Isauricus（普布利乌斯·塞尔维利乌斯·瓦利亚·伊
扫里库斯），击败基里基亚人，攻陷伊扫拉城，191。

Servilius（塞尔维利乌斯），罗马大法官，在奴隶战争中，其军营被攻
陷，239，241。

Servius Tullius（塞尔维乌斯·图利乌斯），罗马王政时期第六位王，
继老塔克文之后为王，21；改造国家，21，27；被高傲者塔克文谋
杀，23；其女小图莉娅驱车辗过他的尸体，23。

Sibylline Verses（西比林的诗文），其中有关伦图鲁斯家族的预
言，263。

Sicambri（西卡姆布里人），日耳曼部落，被克劳狄·德鲁苏斯·尼禄征
服，337。

Sicilian Sea（西西里海），普罗提乌斯在此指挥清剿海盗，193；
Sicilian Straits（西西里海峡），塞克斯图斯·庞培在此兵败，315。

Sicily（西西里），89，115，215，245；塔伦图姆与它的贸易，59；为
罗马和迦太基所觊觎，79；迦太基卫戍部队被逐出，81；被设为罗
马行省，87；在第二次布匿战争中被马尔库斯·克劳狄·马尔克鲁
斯征服，105；受到海盗的威胁，193；在奴隶战争中被废弃，237；
在内战爆发之初被恺撒控制，273；塞克斯图斯·庞培在此
地，313。

Sicoris（西科里斯），西班牙河流，鲁基乌斯·阿弗拉尼乌斯与马尔库
斯·佩特雷乌斯在附近驻扎，275。

Silaces（西拉克斯），帕提亚将领，在卡莱击败克拉苏，211。

Silanus(西拉努斯)，见 Junius(尤尼乌斯)。

Sipylus Mts.(西皮罗斯山)，位于小亚细亚，被安条克占据，123。

Social War(同盟者战争)，233 及以下。

Soranus(索拉努斯)，被苏拉处死，255。

Spain(西班牙)，第二次布匿战争期间在此地的战事，97；哈士多路
　　巴从此地进军意大利，111；此地的战事，145 及以下；被设为罗马
　　行省，147；在此地对塞多留的战事，257－259；战胜此地的凯旋
　　式，297；奥古斯都在此地的战事，343 及以下；其在被奥古斯都征
　　服后保持忠诚，349。

Sparta(斯巴达)，塔伦图姆作为它的殖民地，59；山提波斯被派来帮
　　助迦太基人，85；被提图斯·昆克提乌斯·弗拉米尼努斯征
　　服，117。

Spartacus(斯巴达克)，他早期的事迹，241；逃出卡普亚角斗学校，
　　241；占据维苏威火山，243；击败格奈乌斯·科尔涅利乌斯·伦图鲁
　　斯·克罗狄亚努斯，245；摧毁卡西乌斯的军营，245；思索进攻罗
　　马，245；败于克拉苏，阵亡，245。

Spartans(斯巴达人)，他们在德摩比利的勇敢，123。

Spoletium(斯波勒提乌姆)，翁布里亚市镇，被拍卖，255。

Spurius(斯普利乌斯)，见 Maelius(麦利乌斯)。

Stator(溃逃终止者)，朱庇特的称号，此名的起源，13。

Stolo(斯托罗)，见 Licinius(李锡尼乌斯)。

Strabo(斯特拉波)，见 Pompeius(庞培)。

Sucro(苏克罗)，西班牙市镇，庞培在此地附近败于塞多留，257。

Suebi(苏埃比人)，日耳曼部落，被德鲁苏斯征服，337。

Suessa Pometia(苏伊萨·波美提亚)，拉丁市镇，被高傲者塔克文攻
　　陷，23。

Sulla(苏拉)，见 Cornelius(科尔涅利乌斯)。

Sulmo(苏尔摩)，意大利市镇，被苏拉摧毁，255。

Servius Sulpicius(塞尔维乌斯·苏尔庇基乌斯，公元前 361 年罗马执
　　政官)，娶法比乌斯·阿姆布斯图斯之女，75。

P. Sulpicius Rufus(普布利乌斯·苏尔庇基乌斯·鲁弗斯)，提议将苏
　　拉的行省交给马略，247；反对苏拉，249。

Surenas(苏勒那斯)，帕提亚将领，在卡莱战役中，211。

Syedra(叙伊德拉)，基里基亚一块人迹罕至的岩石，庞培在石
　　上，283。

Syphax(叙法克斯)，努米底亚国王，其骑兵被大西庇阿·阿非利加努
　　斯击溃，113。

Syracuse(叙拉古)，西西里城市，其僭主希耶罗二世败于阿庇乌斯·克
　　劳狄，79；被马尔库斯·克劳狄·马尔克鲁斯击败和宽恕，105。

Syria(叙利亚)，115，213，307；其财富和实力，119；安条克，被逐
　　出希腊，返回此地，123；庞培在此地，189；对罗马人的腐化作
　　用，215；被普布利乌斯·文提狄乌斯·巴苏斯收复，319；马尔库
　　斯·安敦尼在此躲避，319；奥古斯都的外孙盖乌斯·恺撒死于此
　　地，343。

Syrian goddess(叙利亚女神)，237。

Syrian War(叙利亚战争)，119 及以下；将加拉提亚卷入其中，127，
　　将其他民族卷入其中，129。

Syrtes(叙尔特斯)，阿非利加北海岸海湾，第一次布匿战争中罗马舰
　　队在此失事，87；其海岸诸部落败于科苏斯，341。

Tagus(塔古斯)，西班牙河流，两岸的土地被维利亚图斯废弃，149。

Tanais(塔奈斯)，斯基泰河流，鲁库鲁斯到此，179。

Tanaquil(塔娜奎尔)，老塔克文[英译者爱德华·西摩·弗斯特在此处
　　作 Tarquinius Superbus——中译者]之妻，21。

Tarcondimotus(塔尔孔狄莫图斯)，基里基亚人酋长，在内战中支持
　　庞培，267。

725

被虏获，39。

Torquatus(托尔夸图斯)，见 Manlius(曼利乌斯)。

Trajanus(图拉真)，见 Ulpius(乌尔庇乌斯)。

Trasimene(特拉西美努斯湖)，埃特鲁里亚湖泊，罗马军在此败于汉
　　尼拔，99。

Trebia(特列比亚河)，意大利北部河流，汉尼拔战争战场，97。

Treveri(特列维里)，高卢部落，攻击恺撒的诸副将，203。

Tridentine Alps(阿尔卑斯山的特里登图姆支脉)，辛布里人从此地下
　　至意大利，173。

Tullia(图莉娅)，高傲者塔克文之妻，驱车辗过父亲的尸体，23。

M. Tullius Cicero(马尔库斯·图利乌斯·西塞罗，公元前 63 年罗马
　　执政官)，镇压喀提林阴谋，263；在元老院中指控喀提林，263；
　　下令拘捕阿罗布罗格斯人，265；提议宽恕刺杀恺撒的凶手，307
　　〔英译者爱德华·西摩·弗斯特在此处作 ib.，即 265——中译者〕；
　　被处死，头颅被展示于讲坛，307。

Tullus(图鲁斯)，见 Hostilius(荷斯提利乌斯)。

Turduli(图尔杜里人)，西班牙部落，被鲁基乌斯·李锡尼乌斯·鲁库
　　鲁斯征服，147。

Turmogi(图尔莫基人)，西班牙部落，被坎塔布里亚人攻击，345。

Tuscan Sea(图斯卡尼海)，鲁基乌斯·格利乌斯·普布利可拉在此指
　　挥清剿海盗，193。

Tuscan(图斯卡尼人)，见 Etruscan(埃特鲁里亚人)。

Tusculum(图斯库鲁姆)，拉丁姆市镇，其地之人马米利乌斯领导拉
　　丁战争，33。

Ucenni(乌肯尼人)，诺里库姆部落，被克劳狄·德鲁苏斯·尼禄征
　　服，329。

Ulia(乌里亚)，西班牙市镇，在塞多留战争之后成为罗马附庸，259。　*726*

M. Ulpius Trajanus(马尔库斯·乌尔庇乌斯·图拉真)，罗马帝国元首，在其治下罗马实现复兴，9。

Umbria(翁布里亚)，意大利北部一地区，庞培的副将马尔库斯·米努基乌斯·特尔穆斯被逐出此地，273。

Umbrians(翁布里亚人)，意大利最早的居民，密谋反对罗马，55；在同盟者战争中由普罗提乌斯指挥，233。

Usipetes(乌西佩特斯人)，日耳曼部落，最早被克劳狄·德鲁苏斯·尼禄征服，337。

Utica(乌提卡)，阿非利加北部城市，小加图在此自杀，291。

Vaccaei(瓦凯伊人)，西班牙部落，被鲁基乌斯·李锡尼乌斯·鲁库鲁斯征服，147；遭到坎塔布里亚人攻击，345。

Vadimo(瓦狄莫)，埃特鲁里亚湖泊，高卢残部在败于普布利乌斯·科尔涅利乌斯·多拉贝拉，49。

Valentia(瓦仑提亚)，西班牙市镇，在塞多留战争之后成为罗马附庸，259。

M. Valerius Corvinus(马尔库斯·瓦勒利乌斯·科尔维努斯)，与一名高卢人决斗获胜，49。

M. Valerius Laevinus(马尔库斯·瓦勒利乌斯·莱维努斯，公元前210年罗马执政官)，在执政官任内罗马人以私人财产充实国库，103；罗马人首次进入爱奥尼亚海，115。

P. Valerius Laevinus(普布利乌斯·瓦勒利乌斯·莱维努斯)，赫拉克里亚战役发生年(公元前280年)为其执政官年，59。

Varenius(瓦勒尼乌斯)，其军营被斯巴达克攻占，263。

Vargunteius(瓦尔贡特乌斯)，喀提林的同伙，263。

Varus(瓦鲁斯)，见 Attius(阿提乌斯)、Quintilius(昆提利乌斯)。

Varus(瓦鲁斯)，高卢南部河流，91。

Veientines(维伊人)，拉丁民族，败于罗慕路斯，11；持续与罗马为敌，37；在克勒美拉击败法比乌斯氏族的军队，37。

Veii(维伊)，拉丁市镇，被围攻10年而陷，39；被通过挖地道的方式攻陷，39；彻底消失，41；在高卢入侵期间罗马圣物被运往此地，43；马尔库斯·弗利乌斯·卡米鲁斯被指控分配来自此地的战利品不公，71；马尔库斯·弗利乌斯·卡米鲁斯定居于此，71。

Velinus(维里努斯)，萨宾湖泊，51。

Veneti(维涅提人)，高卢部落，恺撒对其进行海战，201－203[英译者爱德华·西摩·弗斯特在此处作203——中译者]。

Venetia(维涅提亚)，意大利东北部城市，拥有意大利最温和的气候，173[英译者爱德华·西摩·弗斯特在此处作193——中译者]。

P. Ventidius(普布利乌斯·文提狄乌斯)，马尔库斯·安敦尼的副将，击败昆图斯·拉比耶努斯和帕科鲁斯，319。

Venuleii(维努雷乌斯族人)，苏拉公敌宣告的受害者，255[英译者爱德华·西摩·弗斯特在此处作225——中译者]。

Venus(维纳斯)，她的圣物塞浦路斯，199。

Vercingetorix(维尔辛格托利克斯)，煽动高卢人反叛，207；作为一个乞求者来到恺撒的军营，209。

Vergellus(维尔格鲁斯)，坎奈附近的河流，汉尼拔以罗马军尸体建桥过河，101。

Verulae(维鲁莱人)，拉丁市镇，罗马战胜它的凯旋式，35。

Vesta(维斯塔)，努马将她的炉火交给维斯塔贞女照料，15；她的祭坛，43。

Vesuvius(维苏威)，坎帕尼亚火山，53；被斯巴达克占领，243。

Veturia(维图莉娅)，格奈乌斯·马尔基乌斯·科利奥拉努斯之母，通过眼泪令其罢兵，71。

T. Veturius Calvinus(提图斯·维图利乌斯·卡尔维努斯，公元前321年罗马执政官)，在考狄乌姆峡谷败于萨姆尼乌姆人，53。

C. Vibius Postumius(盖乌斯·维比乌斯·波斯图密乌斯)，击败达尔马提亚人，331。

Villa Publica(公务别墅)，位于罗马，255。

Vindelici(文德里基人)，诺里库姆部落，败于克劳狄·德鲁苏斯·尼禄，329。

Vindelicus(文德里库斯)，高卢河流，见证罗马人对阿罗布罗格斯人和阿尔维尼人的胜利，167。

Vindius Mts.(文狄乌斯山)，位于西班牙，坎塔布里亚人在此躲避，345。

Vinnius(文尼乌斯)，被奥古斯都派去征服潘诺尼亚人，331[此处"文尼乌斯"当为误写，此人当为马尔库斯·维尼基乌斯(M. Vinicius)——中译者]

M. Vipsanius Agrippa(马尔库斯·维普萨尼乌斯·阿格里帕)，在西班牙于奥古斯都麾下统兵，347。

L. Virginius(鲁基乌斯·维尔基尼乌斯)，处死自己的女儿，73。

Viriatus(维利亚图斯)，煽动鲁西塔尼亚人反叛，149；废弃西班牙14年之久[英译者爱德华·西摩·弗斯特在此处作 four years——中译者]，149；打败克劳狄·乌尼马努斯，149；被法比乌斯打败，151；被庞波利乌斯背叛致死，151。

Viridomarus(维利多马鲁斯)，高卢国王，93。

Visurgis/Weser(威苏尔基斯河/威悉河)，日耳曼河流，克劳狄·德鲁苏斯·尼禄沿河岸设防，337。

Volero(沃勒罗)，见 Publilius(普布里利乌斯)。

727 Volscians(沃尔斯基人)，拉丁部落，败于提图斯·昆克提乌斯·辛辛那图斯，37；其牛群出现于罗马的凯旋式，67。

Volsinii(沃尔西尼人)，埃特鲁里亚最富庶的部落，意大利人中最后向罗马臣服者，69。

Volso(沃尔索)，见 Manlius(曼利乌斯)。

T. Volturcius(提图斯·沃尔图尔基乌斯)，出卖喀提林，265。

出版说明

一、译文以 1929 年 Harvard University Press 出版的 Edward Seymour Forster 英译本（"洛布古典丛书"本）为底本。

二、底本正文部分的序号标注"卷－节－小节"三个层级。为保持阅读的连贯性，本译文正文部分删去"小节"层级的序号，仅标注"卷－节"两个层级。

三、文末索引遵从底本，标注正文页码（即本书译文边码），并酌情调整。

四、全书的数字形式（阿拉伯数字与罗马数字，罗马数字的大写与小写）同底本保持一致。

Lucius Annaeus Florus，*Epitome of Roman History*，With an English Translation by Edward Seymour Forster，London：William Heinemann LTD，New York：G. P. Putnam's Sons，1929.

图书在版编目(CIP)数据

罗马历史概要/(古罗马)鲁基乌斯·安奈乌斯·弗洛鲁斯著；李艳辉译. —北京：北京师范大学出版社，2025.3
　(西方古典译丛)
　ISBN 978-7-303-25506-1

Ⅰ. ①罗… Ⅱ. ①鲁… ②李… Ⅲ. ①古罗马—历史 Ⅳ. ①K126

中国版本图书馆 CIP 数据核字(2020)第 016419 号

LUOMA LISHI GAIYAO
出版发行：北京师范大学出版社 https://www.bnupg.com
　　　　　北京市西城区新街口外大街 12-3 号
　　　　　邮政编码：100088
印　　刷：北京盛通印刷股份有限公司
经　　销：全国新华书店
开　　本：730 mm×980 mm　1/16
印　　张：13.75
字　　数：191 千字
版　　次：2025 年 3 月第 1 版
印　　次：2025 年 3 月第 1 次印刷
定　　价：128.00 元

策划编辑：刘东明　　　责任编辑：李春生
美术编辑：王齐云　　　装帧设计：王齐云
责任校对：段立超　　　责任印制：赵　龙